KB251972

이 책을

　　　　　　　　님께

드립니다.

19 　년 　월 　일

　　　　　　　　드림

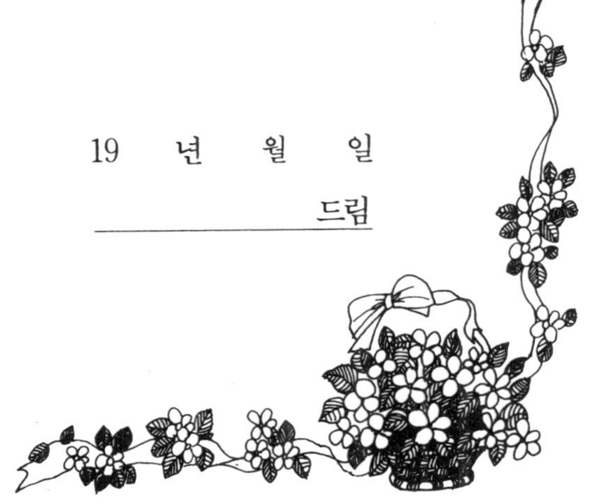

내적 치유의 기적과 새로운 삶

고신대 김 성 수 교수 추천

페베 크레노 지음 ㅁ 이학렬 옮김

도서출판 말씀과만남

주님, 제가 드리는

이 다섯 조각의 빵과

두 마리 생선을

기꺼이 받으셔서 기적을

일으켜 주시옵소서!

Five Loaves

and

Two Fishes

Phoebe Cranor

이 책은 마음의 상처를 치료하고
새로운 삶을 살기 위한 방향을 제시해 줍니다!

이 책을 읽는 한국의 독자 여러분께

저는 이 책을 통해 미국뿐만 아니라 다른 나라에서도 기독교를 전파하고 하나님의 사랑을 알리는 기회가 주어지기를 기도했습니다.

이제 이 책을 한국어로 출판할 수 있게 되어 무척 기쁩니다. 이 책이 여러분의 가슴 속 깊이 전달되어 여러분과 우리 주 예수님과의 관계가 더욱 가까워지게 되기를 계속 기도 드리겠습니다.

저는 태평양 바다 저편에 살고 있는 여러분의 자매입니다.

여러분 모두를 사랑합니다.

여러분의 자매

페베 크레노 드림

Dear Friends in Korea:

I have prayed for some time that this particular book would minister to people in other countries. So I am delighted to see it coming to you in your language.

I will continue to pray that it touch your hearts and bring you into ever closer fellowship with the Lord Jesus.

I am your Christian sister from across the ocean. and I love you all.

Sincerely

Phoebe Cranor

추 천 사

성숙한 그리스도인이 되고자 하는 바람은 그리스도를 사랑하는 모든 성도들이 갖고 있는 간절한 소망이다. 주님을 사랑하는 신실한 성도들은 누구나 자신의 삶 속에서 "사랑과 희락과 화평과 오래 참음과 자비와 양선과 충성과 온유와 절제"(갈5:22)와 같은 성령의 열매를 풍성하게 맺기를 소원한다.

그러나 우리는 일상적인 삶의 많은 경우에 있어서 성령을 쫓아 행하기보다는 오히려 육체의 소욕을 따라 행동하고 있는 자신의 모습을 발견하면서 안타까워하기도 한다.

분노, 용서하지 못하는 마음, 편견, 잘못된 개념이나 습관 등과 같이 아직도 십자가에 완전히 못 박히지 못한 나의 옛 자아가 끊임없이 나를 주장하고 있다.

나의 잠재의식 속에 아직도 남아 있는 깊은 상처로 말미암아 다른 사람은 물론 자신까지도 용서하지 못하는 옛 자아가 내 속에서 꿈틀거리고 있다. 나는 아직도 무조건 성공적인 사람, 행복한 사람, 완전 무결한 사람이 되어야만 한다는 잘못된 개념들을 가지고 있으며, 무의식 깊은 곳에 자리하고 있는 온갖 종류의 잘못된 습관과 편견들을 가지고 있다.

그리스도 안에서 성숙하며 날마다 승리하는 삶을 살아가기 위해서 우리는 먼저 나의 옛 자아를 십자가에 못 박을 수 있어야 한다. 그렇지 않고서는 내적으로 활기 있고 기쁨이 넘치는 진실된 그리스도인의 삶을 살아갈 수 없다, 그러나 실질적으로 우리는 어떻게 나의 옛 자아를 주님께 내어놓을 수 있는가? 어떻게 하면 나는 내 편견의 진실된 실제 모습을 바라볼 수 있으며 내적 치유의 은총을 경험할 수 있는가?

이 책은 그리스도인 모두가 제기할 수밖에 없는 이러한 근원적 문제에 대해서 잔잔하면서도 역동적인 해답을 제시해주고 있다.

한 어린 소년이 자기가 갖고 있던 보리떡 다섯 개와 물고기 두 마리를 예수님께 드려서 오천 명을 먹이신 복음서의 이야기가 이 책의 기초를 형성하고 있다. 이 어린 소년과 같이 우리가 가지고 있는 작은 것이 풍성한 것이 되도록 하기 위해서는 그것을 주님께 바쳐야 한다고 저자는 기록하고 있다.

일상 생활 속에서 번번히 일어나는 개인적이며 일화적인 방법으로 저자는 자신이 갖고 있었던 죄스런 태도, 즉 분노, 용서하지 못하는 마음, 온갖 종류의 잘못된 개념들과 편견들 그리고 잘못된 습관들을 주님께 온전히 내어놓음으로써 자신이 어떻게 내적 치유와 그리스도 안에서의 새 생명을 경험하였는가를 설명하고 있다.

이 다섯 개의 보리떡은 자신이 이것을 주님께 바쳐 드릴 때 다른 사람들을 위한 영양소로 변화되었다. 이와 마찬가지로 자신의 의지와 상상력(물고기 두 마리)의 선물을 주님께 바쳐 드림으로써 저자는 성령의 풍성한 열매를 선물로 받을 수 있었다고 한다. 사실 다섯 개의 보리떡과 물고기 두 마리는 그렇게 중요하게 보이지 않을지도 모른다. 심지어 가장 추하고 불필요하며 유해한 것처럼 보일는지도 모른다. 그러나 그러한 모든 것들을 진실로 주님께 드리기만 하면 주님께서는 그것들을 받으셔서 우리로서는 감히 헤아릴 수도 없는 기적을 창조하신다.

우리는 우리가 가진 그 어떤 것이든 주님께서 그것을 주님의 뜻대로 사용하실 수 있도록 주님께 드리는 방법을 배워야 한다. 일반적으로 우리는 화를 내는 것은 나쁜 일이라고만 알고 있다. 그러나 하나님의 평가 기준은 그렇지 않다. 하나님께서는 화를 낼 수 있고 분노할 수 있는 존재로 나를 창조하셨다. 문제는 화 자체가 아니라 나의 화를 얼마나 올바로 잘 사용하느냐 하는 것이다.

그러므로 우리는 우리의 내적 감정까지도 주님께서 기뻐하시는 뜻대로 사용하실 수 있도록 주님께 드릴 수 있어야 한다.

보리떡 다섯 개와 물고기 두 마리는 자신들의 과거의 고통스런 영역을 확인하고 그것을 예수님께 가져옴으로써 내적 치유를 추구하며 예수님께서 이것을 이용해서 만드시는 기적을 경험하기를 원하는 사람들을 도와줄 것이다. 우리의 선한 목자 되신 예수 그리스도께서는 우리의 모든 것, 심지어는 상처받은 심령까지도 주님께 기꺼이 드릴 때 우리의 깊은 상처를 치유해 주실 뿐만 아니라, 이것을 우리가 주님께도 더 가까이 다가가도록 이끄시는 은사로 바꾸어 주신다는 사실을 사람들이 알기를 원하신다.

저자 크레노(Cranor) 여사는 평생을 저술가이자 상담자로서, 내적 치유 사역에 아주 능동적으로 봉사하고 계시는 분이시다. 크레노 여사는 내적 치유에 관한 여러 편의 논문을 발표하였는데, "Is Anybody Listening When I Pray"(Bethany House, 1980), "The Healing of Worry"(Dove Publications, 1984) 등의 책을 출판하기도 하였다.

이 책의 역자 이학렬 교수는 독자들에게 저자의 깊은 고뇌와 경험을 조금도 손상시키지 않고 잘 전달하고 있다. 뿐만 아니라 역자는 미국 해군사관학교의 교환교수로 재직하던 2년여간의 기간동안 교회에서 또는 소집단 모임을 통해서 이 책으로 성경공부를 인도하면서 실질적으로 삶을 변화시키는 많은 생명의 역사를 경험하기도 하였다.

이 책은 분명히 보다 성숙한 그리스도인의 삶을 살고자 소망하는 사람들에게 도움을 줄 것이다. 옛 자아를 십자가에 못 박고 내적 치유의 역사를 경험하며 그리스도 안에서 날마다 승리하는 삶을 살아가기를 소원하는 모든 그리스도인들에게 이 책을 읽어보도록 간곡히 권하고 싶다.

1997. 10.

김 성 수 (고신대학교 기독교 교육과 교수)

역자의 말

2년 동안 미국 해군사관학교에서 교환 교수로 근무할 수 있도록 기회를 주신 하나님 아버지께 감사를 드립니다. 그 기간은 제 일생에서 가장 소중한 순간 중의 하나였습니다. 하나님을 더 가까이 알 수 있는 귀한 순간들을 체험했기 때문입니다.

제가 다니던 교회는 아나폴리스 시내에 있던 작은 교회였습니다. 주일학교 성경공부와 2주일마다 정기적으로 모인 "Share Group Meeting"을 통해서 저는 하나님의 말씀을 정확히 알 수 있는 값진 기회를 가졌습니다. 진지했던 성경공부의 그 분위기는 잊을 수 없는 귀한 경험이었습니다.
어느 날 한 자매님이 "Five Loaves and Two Fishes"라는 신앙서적을 읽은 소감을 이야기하면서 우리 그룹의 모두도 읽을 것을 권유했습니다. 그 후 교회 목사님께서 그 책을 여러 권 구입하셨습니다. 저는 그 책을 읽으면서 고국의 형제, 자매님들과 함께 은혜를 나누어야겠다고 생각했습니다. 2,000년 전에 일어났던 그 기적의 말씀을 우리 고국 땅에도 전해야겠다는 마음에서였습니다.

제가 다니던 교회의 예배 안내서에는 늘 "We gather for worship. We depart to serve"라는 문구가 있었습니다.

주일날 교회에 모여서 하나님께 찬양 드리고 또한 교회를 떠나서도 늘 하나님을 위해 봉사하자는 이 문구가 저의 가슴에 깊이 와 닿았습니다. 주일 예배가 끝남과 동시에 하나님을 잊어버리고 세상 속에 뛰어들어 버리는 제 자신이 되지 않기 위해서 늘 기도했으며 지금도 계속 기도합니다.

이 책의 번역이 하나님께 봉사하는 작은 일이 될 수 있기를 기도하면서 번역을 시작했는데, 이제 출판을 하게 되니 부족한 저로서는 두렵고 떨리지만 주님께서 함께 해 주시리라 생각하니 용기가 생깁니다. 비록 부족하지만, 이 글이 주님을 따르고자 하는 우리 나라의 형제, 자매 여러분들에게 값진 선물이 되고 은혜가 되기를 기도하겠습니다.

부족한 저의 글을 읽고 고쳐 주신 천정태, 유상수, 이지현, 최미선, 조덕현 집사님, 국문학도 배수열님, 감수해 주시고 추천의 말씀을 해 주신 고신대학교 기독교 교육과 김성수 교수님과 출판을 도와주신 권창근 목사님께 깊이 감사 드립니다. 또한 출판을 기꺼이 허락해 주시고 애써 주신 "말씀과 만남사"의 최헌근 대표님을 비롯한 관계자 여러분과 번역/교정 작업이 진행되는 동안 곁에서 격려해 주고 도와준 아내에게 감사 드립니다. 우리 모두의 노력이 하나님께 영광 드리고 이 땅에 복음을 전하는 성스러운 사역이 되기를 바랍니다.

역자 드림

차 례

한국의 독자 여러분께 5

추천사 (고신대 김성수 교수) 7

역자의 말 11

프롤로그 15

제 1 장   첫 번째 빵 : 분노와 화 21
자유의 기적 42

제 2 장   두 번째 빵 : 용서하지 않음 61
용서의 기적 85

제 3 장   세 번째 빵 : 잘못된 개념 103
은혜의 기적 125

차 례

제 4 장 네 번째 빵 : 편견 137
　　　　　믿음의기적 156

제 5 장 다섯 번째 빵 : 습관 169
　　　　　해방의 기적 188

제 6 장 첫 번째 생선 : 기꺼이 하는 마음 191
　　　　　성령의 선물 203

제 7 장 두 번째 생선 : 상상력, 독창력, 경험 221
　　　　　예수님의 선물 241

에필로그 251

프롤로그

한 점 바람도 일지 않아 작은 풀잎조차도 움직이지 않았던 맑은 여름 날, 오랜만에 등산 겸 야유회를 나온 우리 일행은 높은 산 중턱의 호숫가에 앉아 이제 막 점심식사를 마쳤다. 잔잔한 호수에는 웅장한 산의 모습과 초록빛 잔디가 그대로 비치고 있었다.

함께 온 일행들이 등산과 낚시를 하러 모두 떠난 후, 혼자 남은 나는 호숫가의 바위에 걸터앉아 왠지 울적한 심정을 달래고 있었다.

"해야 할 일들이 많은 것 같은데 고독감과 무력감만 느낄 뿐이야. 내가 하고자 하는 그 어떠한 일도 이 세상에 아무런 도움을 주지 못하고 영향도 미치지 못하는 것 같아"

나는 이런 우울한 생각에 잠겼다. 이 고독감과 무력감으로부터 벗어나고 싶었다. 그래서 기도했다. 그러나 내가 느끼고 있는 막연한 '해야 할 많은 일들'을 위해 어떻게 기도할 수 있단 말인가?

"주님! 도와 주시옵소서."

한 마리의 작은 새가 잔잔한 호수 위를 날고 있었다. 그리고 그 새는 자연적인 생리작용에 의해서 흰색의 작은 배설물을 떨어뜨렸다. 새가 떨어뜨린 그 배설물은 작은 소리와 함께 고요한 호수에 파문을 일으켰다.

새의 배설물이 떨어진 곳으로부터 원형의 작은 물결들이 호수의 바깥을 향해 계속 잔잔하게 움직여 오고 있었다. 나는 작은 물결의 그 움직임을 넋을 잃은 채 바라보고 있었다. 드디어 그 작은 물결은 내가 앉은 바위에까지 이르러 메말라 있던 바위 위에 자국을 남기면서 부드러운 철썩임으로 변했다.

작은 새는 자기에게 더 이상 소용이 없게 된 배설물을 버렸을 뿐이었다. 그러나 작은 새의 그 배설물은 산중턱의 한 호수에 변화를 일으켰다. 적어도 잠시 동안은.

나는 성경을 폈다. 요한복음 6장 5-14절이었다.

5 예수께서 눈을 들어 큰 무리가 자기에게로 오는 것을 보시고 빌립에게 이르시되 우리가 어디서 떡을 사서 이 사람들로 먹게 하겠느냐 하시니
6 이렇게 말씀하심은 친히 어떻게 하실 것을 아시고 빌립을 시험코자 하심이라
7 빌립이 대답하되 각 사람으로 조금씩 받게 할지라도 이백 데나리온의 떡이 부족하리이다.
8 제자 중 하나 곧 시몬 베드로의 형제 안드레가 예수께 여짜오되
9 여기 한 아이가 있어 보리떡 다섯 개와 물고기 두 마리를 가졌나이다. 그러나 그것이 이 많은 사람에게 얼마나 되겠삽나이까
10 예수께서 가라사대 이 사람들로 앉게 하라 하신데 그곳에 잔디가 많은지라 사람들이 앉으니 수효가 오천쯤 되더라
11 예수께서 떡을 가져 축사하신 후에 앉은 자들에게 나눠주시고 고기도

그렇게 저희의 원대로 주시다

12 저희가 배부른 후에 예수께서 제자들에게 이르시되 남은 조각을 거두고
버리는 것이 없게 하라 하시므로
13 이에 거두니 보리떡 다섯 개로 먹고 남은 조각이 열두 바구니에 찼더라
14 그 사람들이 예수의 행하신 이 표적을 보고 말하되 이는 참으로 세상에
오실 그 선지자라 하더라

현재와 마찬가지로, 그 당시에도 보리는 가난한 사람들이
빵을 만드는 재료였다. 당시의 부자들은 밀가루로 만든 빵
을 먹었다. 그 어린 소년은 특별히 귀한 음식을 가진 것이
아니었다. 딱딱한 보리 빵과 작은 생선은 결코 왕이 잡수실
음식이 되지 못했다.

그러나 그 소년은 자기가 가진 모든 것을 예수님께 기꺼
이 바쳤다. 그리고 그것이 아무리 보잘 것 없는 것일지라도.
예수님께서는 소년으로부터 받은 빵과 생선으로 기적을 일
으키셨다. 그것만으로 끝나는 것이 아니라 그 기적이 일으
킨 물결의 움직임은 지금도 계속되고 있다.

이름이 알려지지 않은 한 소년이 그의 점심을 예수님께
바친 덕택에, 다섯 조각의 딱딱한 작은 보리 빵과 두 마리
의 작은 생선은 영원을 향한 끝없는 물결의 움직임이 되었
다.

나는 잔잔한 호수를 바라보았다. 그리고 그 호수가 내 마
음속으로 고요히 흐르고 있는 것을 느꼈다. 내가 해야 할
일은 내가 가진 모든 것, 즉 내 자신이 가지고 있는 다섯
조각의 보리 빵과 두 마리의 작은 생선을 주님께 바치는 것
이다.

'내가 가진 모든 것'...

당신은 당신이 가지고 있는 모든 것을 주님께 바치려고 시도해 본 적이 있는가?

나는 두려움과 불안, 죄, 후회, 자만과 교만, 남을 비난하는 마음, 분노와 화, 편견, 그리고 남을 용서하지 못하는 마음을 가지고 있다. 슬픔도 가지고 있다. 또한 많은 실수와 잘못을 가지고 있다. 나는 과거로부터 받은 많은 상처를 가슴속에 안고 있다. 다섯 개보다 훨씬 더 많은 조각의 빵을 가지고 있을지도 모른다. 그러나 그것들이 무슨 소용과 쓸모가 있겠는가?

제자들은 예수님께 물었다

"이 많은 사람들에게 다섯 조각의 빵과 두 마리의 생선이 무슨 소용이 있겠습니까?"

나는 지금 예수님께 이렇게 묻고 싶다.

"제가 가지고 있는 이 많은 빵 조각들은 쓸모 없는 쓰레기에 불과하지 않습니까?"

그러나, 새의 내장으로부터 나온 하잘것없는 배설물도 산중턱의 넓은 호수에 파문과 변화를 일으키지 않았던가?

"좋습니다. 주님, 주님께 저의 빵을 모두 바치겠습니다. 제가 가진 빵 조각들을, 쓰레기와 같은 빵 조각들을 제가 찾을 수만 있다면 모두 찾아내어 당신께 바치겠습니다. 그리고 얼마나 많은 사람들이 그것을 먹게 되는가를 보겠습니다. 그것은 저로서는 불가능한 것 같습니다. 그러나, 제 뜻대로 마옵시고 주님의 뜻대로 하옵소서. 아멘."

제 1 장

첫 번째 빵 : 분노와 화

샘물에 대한 추억

옛날 내가 어렸을 때에 친한 친구 집에 놀러간 적이 있었다. 그 친구 집 정원에는 맑은 샘물이 솟아나고 있었는데 나는 작은 구멍에서 물이 솟아 나오는 모습이 신기해서 거의 정신을 잃고 바라보았다.

주위의 바위와 잔디는 바람이 불 때면 샘물에서 날아 온 물을 흠뻑 뒤집어쓰곤 했고 꽃나무들은 날아 온 물방울의 무게를 견디지 못해 살랑살랑 춤을 추었으며, 꽃을 찾아온 벌과 나비들도 물벼락을 맞았다.

그런데 어느 날 갑자기 땅 주인이 샘물을 콘크리트로 막아 버렸다. 샘물 때문에 주위의 땅이 진흙탕이 된다는 이유에서였다.

"아저씨, 이 샘물에서 솟아 나오던 물은 이제 어디로 가나요?" 나는 주인 아저씨께 물었다.

"음, 물은 아직 땅 밑에 있어. 아마 땅 밑으로 흘러 가다가 하류 지역 어딘가에서 다시 솟아나겠지." 아저씨는 퉁명스럽게 대답하였다.

얼마 후 그 곳에 다시 가 보았을 때, 아저씨의 말대로 하류지역에 있는 이웃 목초지에서 맑은 물이 솟아오르고 있는 것을 발견하였다.

그러나 몇 년이 지난 후 다시 그 골짜기를 찾았을 때 나는 무척 실망했다. 아름답고 분위기 있던 샘물은 뚜껑이 덮여 자취도 없이 사라졌으며, 대신 그 자리에 수도관이 설치

되어 순무, 당근, 양파, 감자 등이 자라고 있는 밭으로 물이 공급되고 있었다.

여러 종류의 잡초들이 우거져 있던 질퍽한 땅에 이제는 농작물이 가지런히 심어져 있었고, 여러 대의 트럭이 생산된 농작물을 시장으로 운반하고 있었다. 내가 황홀해하며 바라보곤 했던 아름다운 샘물은 이제 추억 속의 옛날 이야기가 되고 말았다.

그러나 물을 적절하게 사용함으로써 또 다른 유익한 결과를 가져올 수 있다는 사실을 나는 인정해야만 했다.

나는 황홀해 하던 샘물에 대한 기억을 통해 주님께 바쳐야 할 첫 번째 보리 빵에 대한 힌트를 얻게 되었다.

우리의 타락한 모습, 불완전하고 죄로 가득한 우리의 현실에서는 "내가 당신을 필요로 하기 때문에 당신을 사랑한다"는 것이 사랑에 대한 보편적인 정의인 것 같다.

나의 어머니께서는 대가족인 우리 집에서 가장 나이가 많은 분이셨으며, 어떠한 일에 대해서도 결코 만족해하지 않았던 분이셨다. 어머니께서는 내가 오로지 당신만의 소유이기를 원하셨으며, 더구나 아버지와 함께 나를 소유하는 것조차 싫어하셨다.

어머니께서는 나를 오로지 집안에만 머물게 했으며, 바깥 세계와의 접촉을 가능한 한 막으려고 하셨다. 이러한 어머니께서는 차라리 내가 아프기를 바라셨다. 그것은 내가 자리에 누운 상태에서 당신의 온 정성과 관심을 내게 바칠 수 있기 때문이었다.

어머니께서는 내가 가깝게 지내던 몇몇 친구들과도 나를 떼어 놓으셨다. 어머니께서는 만일 내게 무슨 일이라도 일어난다면 당신은 죽고 말 것이라는 사실을 내게 자주 말씀하시곤 하셨다.

나는 이제야 비로소 이해할 수 있다. 어머니 자신이 마음속 깊이 느끼고 있었던 감정, 즉 나를 빼앗긴다고 하는 감정과 그래서 나를 필요로 했던 감정을 이제 어느 정도 이해할 수 있다.

그러나 그 당시 어렸던 나로서는 어머니께서 나에 대한 자신의 사랑을 강조해서 말씀하셨지만 나는 결코 그 사랑을 느끼지 못했었다.

그러나 분명한 사실은 내가 어렸을 때에는 어머니의 소유물이었다는 점이다. 물론, 그 당시에 나는 그러한 사실을 알지 못하였다.

"페베야, 네가 알다시피 너는 그렇게 생각할 리가 없어. 나는 네가 그렇게 생각하는 것을 허락하지 않을거야." 또는 "네가 알다시피, 너는 정말로 그렇게 느끼고 있지 않아. 이 엄마는 네가 무엇을 어떻게 느끼고 있는지 잘 안단다" 등의 말을 들었을 때, 나는 단지 혼란스러웠을 뿐이었다.

나는 그러한 혼란스러운 생각을 내 마음속 깊숙한 곳에 감추어야만 했다. 나로서는 달리 어찌할 도리가 없었기 때문이었다.

어머니는 어린 아이에게 있어서 모든 생활의 중심적인 위치에 있기에 어머니가 하는 말은 진실이어야 한다.

어쨌든 나는 어머니께서 내게 하신 어떠한 말씀에도 순종해야만 했다.

어머니께서는 나를 사랑하신다는 사실을 내게 자주 확인시켜 주셨지만, 나는 결코 그 사랑을 진심으로 느끼지 못하였다.

그 대신 나는 내 마음속 깊숙한 곳에 분노와 화를 차곡차곡 그대로 저장하고 있었던 것이다. 그러면서도 나의 무의식 세계는 다른 사람이 나의 감정의 조각들을 하나하나 읽어내는 것을 거부하면서 심하게 분노하고 있었던 것이다.

으리 집에서는 화를 내게 되면 자동적으로 모든 사랑이 박탈당했기에 어느 누구도 화를 밖으로 표현하는 사람이 없었다.

'착한 아이는 그렇게 행동하지 않는다. 그리고 오직 착한 아디만이 사랑을 받는다'는 것이었다.

사랑을 받는다는 사실에 대한 나의 혼란스러운 감정은 내 개성의 모든 부분에 파고들었다.

그 위험은 너무도 컸다. 나는 나의 화를 숨기는, 즉 나의 화를 다른 사람이 눈치채지 못하게 하는 방법을 터득하게 되었으며 그 결과 어느 누구도, 심지어 나 자신도 내 속에 있는 화를 느끼지 못하게 되었다.

어떤 사람의 샘물은 모든 것에 대해서 거침없이 솟아난다. 그러나 내 마음의 샘물은 단단한 뚜껑이 씌워져 있었으며, 이웃 목초지로 옮겨진 후 그곳에서 진흙탕을 만들고 있었다. 그럼에도 불구하고 나는 오랫동안 어떤 일이 일어나고 있는지 깨닫지 못하고 있었다. 사실, 그 진흙탕을 주님께 드릴 수 있게 될 때까지 나는 그것을 깨닫고 볼 수 있는 눈을 가지고 있지 않았던 것이다.

예수님과의 만남

나는 일곱살 때 유아 세례를 받았다. 그 후 나이가 들어서, 나는 예수님의 복음의 의미를 이해하기 위해, 그리고 내가 어떻게 살아갈 것인가를 결정하기 위해 많은 노력과 정력을 쏟았다.

그러던 어느 날, 나는 살아 계신 주님을 개인적으로 만나게 되었고 주님에 대한 나의 이해는 주님에 대한 사랑으로 변하였다. 나는 내가 만난 구세주에 대해 더 많은 것을 알기 위해 열심히 성경을 읽기 시작하였다.

산중턱의 호숫가에 앉아 다섯 조각의 보리 빵과 두 마리의 작은 생선에 대해서 생각한 것은 바로 그때였다.

첫 번째 보리 빵은 나의 무의식 세계 깊숙한 곳 어딘가에 자리잡고 있는 내가 이제 막 깨닫기 시작한 많은 '분노와 화'였다.

우리는 화에 대해서 많은 것을 배우면서 살아왔다. "화를 내지 말고 참아라", "화 자체를 부정하라", "화에 대해서 죄의식을 느껴라" 등등

분노와 화는 '나쁜 것'이고 결코 있어서는 안되는 것인데 감히 내가 어떻게 스스로 그것들을 예수님께 바칠 수 있단 말인가?

나는 지금까지 화를 조심스럽게 포장해야 할 선물과 같은 가치 있는 대상으로 바라보도록 이야기하는 사람을 만나보

지 못했다.

그러나 하나님께서는 화를 만드셨고 예수님께서도 화를 내셨다. 예수님께서 여러 사람 앞에서 얼마나 많은 화를 내셨는가를 알게 되었을 때 나는 놀라움을 금할 수 없었다. 어쨌든, 나는 나의 화를 객관적으로 보아야 하며 냉철하게 평가해야만 했다.

춥고 흐린 어느 날, 나는 마루 가운데 놓여 있는 난로 옆에 누워서 여러 종류의 가구들과 벽에 붙어 있는 그림들을 바라보고 있었는데, 젊은 여인이 달걀을 프라이팬 위에서 프라이하는 모습을 담은 그림에 나의 시선이 멈추었다. 그 여인은 달걀이 샌드위치에 알맞게 들어가도록 사각형 모양으로 요리하고 있었다. 내가 그 그림을 쳐다보는 순간 내 마음속 깊은 곳에서 울음이 솟구쳐 나오는 것을 느꼈다.

"오! 가여운 달걀!" 나도 모르게 외쳤다. 만일 달걀이 어떤 느낌과 감정을 가지고 있다면 사각형으로 프라이되는 아픔을 대단히 크게 느낄 것이라는 생각을 했다.

그러한 나의 생각은 새로운 정서적인 반응을 불러일으키고 있었다. 즉 나의 타고난 개성(個性)과 자아(自我)를 변화시키려고 하는 다른 사람의 시도에 대해서 내 마음속 깊은 곳으로부터 분노가 솟구치고 있었던 것이다.

나는 마루 바닥에 누운 채 내 스스로를 위로하려고 애썼지만 아무 소용이 없었다. 마침내 나는 실망하여 큰 소리로 울고 말았다.

"주님, 지금 저에게 있는 문제는 무엇입니까?"

이 말을 중얼거리는 순간, 나는 끝이 부러진 연필들이 가득 담겨져 있는 커다란 연필통의 모습을 마음속으로 보게 되었다. 그것은 단지 연필통의 모습뿐이었다.

나는 그 연필통의 모습이 무엇을 의미하는지 알 수 없었다. 그러나 내가 그 연필들을 바라보았을 때, 깊은 곳에서 솟구쳐 오르는 샘물처럼, 내 마음속 깊은 곳에서 화와 분노가 솟구치고 있음을 마침내 깨닫게 되었다.

"너의 화를 인정하라. 너의 분노를 시인하라. 그리고 너의 화와 분노대로 행동하라"고 주님께서 말씀하고 계시는 것 같았다.

그래서 나는 주님의 말씀대로 행동했다. 처음에는 약간 주저했지만 점점 자신 있게 그리고 주먹으로 마루를 치면서 고함을 질렀다. 나의 고함소리에 내 자신이 깜짝 놀라 내 스스로를 믿을 수 없다는 듯이 자리에서 벌떡 일어섰다. 내 자신의 정신적 고통을 내가 크게 소리내어 표현한 것은 이것이 처음이었다.

"어머니, 왜 저는 변화되어야 합니까? 왜 타고난 제 자신의 개성대로 살 수 없습니까? 왜 저는 어머니께서 원하시는 대로 바뀌어야만 합니까?"
나는 마치 어머니가 방에 계시기라도 한 것처럼 어머니를 향해서 계속 질문을 던졌다. 나는 생전 처음으로 어머니께 화를 내면서 말하고 있었다. 그리고 내 스스로도 이해할 수 없는 긴장으로 인해 몸을 떨고 있었다.

예수님께서 나타나셔서 오래 전 팔레스타인에서 제자들과

그 분을 따르는 사람들에게 자주 말씀하셨던 것처럼 내게도 말씀하셨다.

"두려워 말라."

위로하시는 예수님의 말씀에 대해 어리광이라도 부리듯이 나는 흐느끼면서 말했다.
"어떻게 두려움을 느끼지 않을 수 있습니까?"
예수님께서는 이 질문에 대한 대답을 몇 년이 지난 후에야 던져 주셨다.

나는 이제 화를 다루는 여러 가지 방법을 알고 있다. 그러나 무엇보다도 먼저, 갈릴리 호숫가의 어린 소년이 그랬던 것처럼, 나는 나의 화를 예수님께 드려야 하며 그것을 통해 예수님께서 어떻게 기적을 일으키시는지를 보아야 한다.

예수님께 드림

어떻게 "나의 화와 분노를 예수님께 드릴 수 있나?"

갈릴리 호숫가에 계셨던 예수님은 육체를 가진 사람이었고, 그래서 어린 소년은 자신의 도시락을 예수님의 손에 직접 건네줄 수 있었다. 소년은 그가 건네준 음식을 직접 피부로 느낄 수 있었으며 그 음식을 받아 든 예수님의 손의 온기를 느낄 수 있었다.

나는 이미 나의 삶과 생활을 예수님께 바쳤다. 그러나 나의 화를, 나의 분노를 어떻게 주님께 바칠 수 있단 말인가?
나는 기도하였다.

“주님, 말씀해 주십시오. 이 보잘 것 없고 맛없는 것을 어떻게 당신께 바칠 수 있겠습니까?”

기도는 우리의 입을 통해 나오는 말로서만 이루어지는 것이 아니다. 때로는 영상(映像)을 통해서, 때로는 감각(感覺)을 통해서, 어떤 경우에는 지각(知覺)을 통해서, 또 어떤 경우에는 감정(感情)을 통해서 이루어지기도 한다.

나의 화를 예수님께 바치기 위한 지혜를 얻기 위해 기도했을 때, 나는 거친 빵 조각을 가득 쥔 내 자신의 손을 마음속의 영상으로 보기 시작하였다. 나는 손으로 빵을 들어 올렸으며, 주님의 손이 내려와서 그 빵을 받아 들었다.
내가 드린 큰 빵을 진지하게 잡고 계시는 주님의 손을 보는 순간, 온화함과 평온함이 내 몸 속을 흐르고 있는 것을 느낄 수 있었다. 또한 나의 선물에 대해서 고마워하시는 주님의 미소도 느낄 수 있었다.

나의 화를 처음으로 예수님께 드린 그 놀라운 순간, 빵과 생선으로 기적을 일으키신 예수님 이야기의 나머지 부분이 내 마음속에 떠올랐다. 소년의 빵으로 기적을 행하시기 전에 예수님께서는 먼저 그 빵을 축복하셨다. 어떤 복음서에서는 빵을 부수어 조각 내셨다고 기록하고 있다 (역주: 영어 성경의 다른 번역판을 가리킴).

나는 끝이 부러진 연필들이 가득 들어있는 연필통의 모습을 통해서 주님께서 축복하시기 전에 먼저 부수고 조각 내어야 할 곳을 가리키고 있었던 방향, 즉 내 화가 향하고 있었던 방향이 이 몽당 연필들처럼 무디어져 있다는 사실을 깨달을 수 있었다.

내 마음속 깊은 곳에서 솟아나는 화를 자세히 살펴보았을 때, 나는 그 화가 주님의 따뜻한 손길이 아직 닿지 않은 딱딱한 덩어리를 가리키고 있음을 알 수 있었다.

완전함을 향해

모든 사람의 내면에는 최초에 하나님께서 만드신 자신의 완전성(完全性)이 존재한다는 사실을 나는 확신한다.

예수님께서 "그러므로 하늘에 계신 너희 아버지께서 완전하신 것처럼 너희도 완전하라"(마태복음 5:48)고 말씀하셨을 때 진정으로 그 말씀을 하셨음이 틀림없다.
이 말씀은 우리가 완전한 것처럼 보이라고 또는 완전한 체를 하라고 하신 말씀이 아니라 우리가 진정으로 완전하게 되기를 원하시면서 하신 말씀임에 틀림이 없을 것이다.

어느 누구도 자기 스스로는 완전성(完全性)을 이룰 수 없다는 사실을 나는 믿어 의심치 않는다. 그러나 예수님께서는 우리에게 완전하라는 계명을 주셨고, 또한 우리가 완전을 향해 성장할 수 있도록 도움을 주겠다고 말씀하셨다.

우리가 해야 할 일은 우리가 가진 그 어떤 불완전한 것이든, 주님 뜻대로 하실 수 있도록 주님께 드리는 일이다.

그러나 그것은 결코 쉬운 일이 아니다. 왜냐하면 나의 화는 대부분 나의 어린 시절부터 그 뿌리를 두고 있었기에 그 화들은 나도 모르게 이미 내 자신의 것이 되어버렸으며 타성에 젖은 내 자신이 그 화들을 꼭 붙들려고 하기 때문이다.

화의 샘물을 깨달음

내가 드린 첫 번째 몽당 연필, 즉 끝이 부러진 몽당 연필을 받으신 주님께서는 연필의 끝을 뾰족하게 잘 깎으셨고 그 끝은 "화를 내는 것은 나쁘다"라고 하는 잘못된 개념을 향해 가리키고 있었다.

우리 집에서는 화를 내는 것은 나쁜 것이었다. 그러나 하나님의 눈에는 그렇지 않았다.

성경에서는 위선, 사랑의 결핍, 하나님의 성스러움에 대한 오용 등에 대한 예수님의 화와 분노를 공개적으로 다루고 있으며 인간으로서의 예수님의 감정 표출도 직접적으로 묘사하고 있다.

예수님께서는 잘못된 행동과 사랑이 없는 행동에 대해서

그 잘못된 행동을 한 사람과 남을 사랑하지 아니한 사람을 용서하실 수 있었음에도 불구하고 화를 내셨다.

예수님께서는 하나님의 본성과 모습을 우리들에게 보여주셨다. 따라서 우리는 "하나님의 분노"는 매우 실제적이며 하나님의 본성과 모습의 필수불가결한 한 부분이라는 사실을 받아들여야 한다.

하나님께서 나를 사랑하신다는 사실을 알아야 하며, 내가 나의 화를 잘못 사용한 것에 대해서 용서해 주신다는 사실도 깨달아야 한다. 그리고 내가 화와 분노를 가지게 되는 이유는 처음부터 하나님께서 화와 분노를 가지도록 나를 창조하셨기 때문이라는 사실 또한 알아야 한다.

마침내 나는 모든 사람이 틀린 것을 바르게 하고 악을 제거하기 위해 마음 깊숙한 곳으로부터 흐르는 정상적이고 자연적인 "화와 분노"의 작은 샘을 가지고 있다는 사실을 깨닫기 시작하였다. 그 샘이 위험한 저수지로 변하게 되는 이유는 샘 자체를 부정하거나 샘의 흐름을 억지로 막아버렸기때문이다.

샘물이 솟아오르는 것은 아주 자연적인 현상이다. 뚜껑으로 막으면 다른 곳에서 솟아오르기 마련이다. 하지만 급수관을 만들어 잘 이용하면 생산적이 된다. 자연적으로 방치되어 흐르는 상태에서는 솟아오르는 물이 늪과 습지를 쉽게 만들기 때문에 불편을 초래할지도 모른다.

나는 주님께 물었다.

"그렇다면, 주님, 매일 매일의 생활에서 생기는 화와 분노를 어떻게 해야 합니까? 그 화가 어디에서부터 솟아 나오든, 만일 기적을 일으킬 수 있도록 당신께 바쳐야 한다면, 어떻게 바쳐야 하는지를 알고 싶습니다. '그냥 주님께 바쳐라.' 하는 말은 너무 고상하고 이해하기 힘듭니다. 저는 보다 더 구체적인 도움을 필요로 합니다."

대답을 기다리고 있던 나의 의식 속으로 말로 표현할 수 없는 강한 목소리가 들려왔다.

"네가 화를 낼 때에는 화내고 있다는 사실을 네 자신이 알아야만 한다."

다른 사람의 경우에는 그것이 쉬울런지 모른다. 그러나, 나의 경우 비록 겉으로는 "화"를 내지 않고 있었지만 마음속 깊은 곳에서는 화를 내고 있는 경우가 많았다.

나는 매우 차분하고 침착했기 때문에 어떤 경우에도 표면적으로 화를 내지 않았다. 그러나 내 마음속 깊은 곳에서는 화가 가마솥처럼 들끓고 있었다.

만일 예수님께서 나와 함께 하지 않았다고 하면, 나는 나의 이러한 진실된 감정과 느낌을 결코 깨닫지 못했을 것이다.

이제 나는 나의 화를 빨리 깨달은 다음 의식적으로 그리고 확실하게 그것을 예수님께 드려야 한다는 사실을 알고 있다.

화를 예수님께 드리기 위해서는, 먼저 내 자신에 대한 예수님의 사랑과 계획을 믿어야 한다.

나를 향하신 예수님의 놀라운 사랑과 계획을 확신하게 되자 주님에 대한 나의 믿음은 한층 더 강해졌다. 그러나 놀랍게도, 주님에 대한 나의 그러한 믿음이 결코 크지 않다는 사실을 발견하게 되었다.

나의 마음 한 곳에서는 사랑을 결코 믿지 못하고 있었다. 주님의 사랑마저도 믿지 못하고 있었던 것이다.
내가 하고 있었던 행동은 그저 주님을 믿으려고 시도하는 것이었다. 그리고 그 믿음의 결과 나타나는 어떤 변화를 지켜보는 것이었다.

완전함을 향해 나아가는 내 자신의 상황과 모습을 계속 지켜보는 것은 마치 순무가 잘 자라고 있는가를 확인하기 위해 순무 뿌리를 계속 뽑아보는 것과 같았다.

내 마음속 깊은 곳의 화를 인식할 수는 있었으나, 그 화를 주님께 바치는 방법에 대해서는 여전히 알 수 없었다. 나는 의식적인 고통과 노력 없이도 완전함을 얻을 수 있는 방법을 찾아야만 했다.

이 첫 번째의 작은 빵은 쪼개져서 수천 개로 증식되는 기적을 일으키기 전에 나에게 많은 고통을 주고 있었다.

예수님의 응답과 우리의 선택

나는 기도하였다.

"주님, 당신을 사랑합니다. 물론 주님에 대한 저의 사랑은 아직 부족하며 주님에 대한 저의 믿음 역시 충분하지 않음을 잘 압니다. 그러나 저는 오래 전에 주님을 저의 구세주로 영접하였습니다. 제게 있는 모든 것을 주님 뜻대로 처리하실 수 있도록 주님께 드리고 싶습니다. 도와 주시옵소서."

그것은 진실한 기도였으며, 주님께서는 즉시 응답해 주셨다. 그러나 주님은 주님의 뜻에 따라 응답해 주셨으며 내가 기대했던 것처럼 즉각적인 결과는 주지 않으셨다.
그리고 주님께서는 나로 하여금 주님을 돕도록 하셨다. 광적인 열정이 아닌, 그러나 두려움이 섞인 주저함도 아닌, 차근차근하고 성실한 마음과 태도로.

완전함을 향한 나의 행진은 처음에는 주님과의 합동작전이었다. 그러나 주님께서는 내게 강요하지 않으셨으며 내가 기꺼이 참여하도록 조용히 기다리셨다.

자유로운 선택은 인간의 가장 독특한 특성이며 동시에 가장 어려운 특성이라고 나는 생각한다. 하나님께서 우리에게 그러한 자유 선택의 의지를 주셨으니 얼마나 놀라운 일인가?
이미 2000년 전에 주님께서는 다섯 조각의 빵과 두 마리의 생선으로 큰 기적을 보이셨으며, 지금도 우리에게 그러한 기적을 자유 의사에 의해서 선택하도록 하셨다.

내가 해야할 일은 두려움을 선택하는 대신에 믿음을 신중

히 선택하는 것이다. 아무리 작은 순간 순간의 화라 할지라
도 그것을 인식하고 주님께서 그 화를 처리하실 수 있도록
주님을 계속해서 확고히 믿는 것이다.

내가 주님의 사랑을 느끼지 못하는 경우에도 그 분을 지
속적으로 믿는 것이다.

그리고 무엇보다 더 중요한 것은, 하나님 아버지께서 그
분 자신의 백성들을 사랑한다는 말씀을 얼마나 많이 하셨는
가를 발견하기 위해 성경을 읽는 것이다.

성경은 사랑의 말씀들로 가득차 있다. 나는 그 사실을 알
지 못하였다. 다른 많은 사람들도 그 사실을 알지 못한다고
나는 생각한다.

우리는 성경을 기독교의 법률이나 규칙 또는 이스라엘의
역사로 생각하고 읽는 경우가 많다. 정말로 우리는 성경이
우리를 아끼시는 아버지로부터 온 사랑의 편지라고 생각하
면서 읽고 있는가?

"여호와께서 네 열조를 사랑하신 고로 그 후손 너를 택하
시고 큰 권능으로 친히 인도하여 애굽에서 나오게 하시며"
(신명기 4:37).

하나님께서는 나를 사랑하시기 때문에 나를 애굽으로부터
구해 내실 것이며, 그리하여 나에게 자유를 주실 것이다.

또한 하나님께서는 우리를 사랑하신다는 말씀과 함께 우
리도 하나님을 사랑해야 한다는 말씀도 하셨다.

"오, 이스라엘아 들어라. 여호와는 너희 하나님이로다. 여
호와만이 너희 하나님이로다. 마음을 다하여, 생명을 다하
여, 그리고 온 힘을 다하여 여호와 너희 하나님을 사랑하라"

(신명기 6:4-5).

　　신약에서는 예수님께서 이 계명을 되풀이하여 말씀하신다. 내가 하나님을 사랑해야 한다는 것은 필수적인 사항이다. 그러므로 나는 그것을 실천에 옮겨야 한다.

　　나는 내게 생겨나는 모든 화를 그때그때 바로 인식하기 시작하였다. 수 년 동안 내가 늘 그랬던 것처럼 2주일 후 또는 3주일 후가 아니라 즉시 즉시 인식하였다. 나는 드디어 실천에 옮기기 시작한 것이다.
　　그리고 기쁜 마음으로 온 마음을 다하여 나의 화를 예수님의 손에 드리기 시작하였다.
　　예수님께서는 나를 사랑하시며 내 마음의 상처를 치유하기를 원하시기 때문에 나의 화를 기꺼이 받아들이신다는 사실을 내 입으로 고백했고 내 가슴으로 믿었다.
　　나는 아버지 하나님, 아들 예수 그리스도, 그리고 계속해서 나를 도와주시는 성령님을 향한 나의 감정을 조심스럽게 재정리하였다.

　　나는 오직 내 자신의 약점만을 주님께 드렸으며 주님께서는 그것을 받으셔서 치유하여 주셨다. 그러나 이 첫 번째 빵에는 내가 기대했던 것 이상의 다른 것이 있었다.

다른 성분들 - 죄와 두려움

화는 첫 번째 빵의 기본 성분이었다. 그러나 이 첫 번째 빵에는 화 이외에도 다른 성분들이 있었다.

용납될 수 없는 감정인 나의 화를 숨김없이 인식하는 데에서 오는 자책감이 그 한 성분이었으며, 땅 밑을 흐르면서 샘물을 뿜어 올리는 지하수처럼 내 마음속 깊숙한 곳에서 흐르는 두려움이 또 다른 한 성분이었다.

주님의 손을 꼭 붙잡고 주님께 간절히 도움을 청하면서, 나는 내 마음속 깊숙한 곳으로부터 솟아오르는 모든 화를 조심스럽게 분석하기 시작하였다.

내가 예수님께 드리는 이 선물은 "나의 모든 것을 가지소서" 하는 식의 간단한 것이 결코 아니었다. 계속 반복해서, 주님께서는 내가 가진 것들을 나로 하여금 보도록 하셨고, 또 주님께 드리기 전에 내 스스로 직접 이해하도록 하셨다.

솟아 나오는 화를 오랫동안 그리고 세심하게 쳐다볼 때마다, 나는 그 화 속에 깔려있는 두려움을 볼 수 있었다. 그 두려움은 누군가가 나의 모습과 형태를 자기 마음대로, 마치 한 덩어리의 모형 점토처럼, 바꾸려고 한다는 그런 두려움이었다.

그리고 나는 내 어린 시절의 "본능적인 외침"으로 되돌아가는 자신을 가끔 느낄 수 있었다.

"제 자신의 모습 이대로에 문제가 있습니까? 왜 저를, 제 자신의 모습을 변화시키려고 하십니까?"

수년 동안, 나는 내가 도로 공사용 스팀롤러에 막 치이려고 하는 무서운 꿈을 꾸곤 했다. 나는 재빨리 몸을 날려 피했다. 그러나 사실은 침대에서 떨어진 것이었고, 이로 인해서 타박상이나 찰과상을 입게되었다.

나는 내 본래의 모습이 손상을 입을 위험에 끊임없이 직면하고 있다는 사실을 잠재의식 속에서 느끼고 있었다. 그리고 나의 꿈은 그러한 나의 잠재의식적인 느낌이 꿈이라는 환상의 장면으로 표시된 것이었다.

스팀롤러에 치이게 되면 사람의 형태가 바뀌게 된다. 나의 잠재의식은 그것을 알고 있었다. 그래서 나는 재빨리 몸을 날려 피했으며, 그러면 적어도 그 다음날까지는 안전했다.

주님, 도와주소서

화를, 그리고 화와 함께 동반되는 두려움을 나의 구세주이신 주님께 드리는 것이 드디어 습관화 되어가고 있었다. 드리고 또 드리고, 계속해서 나는 작은 보리 빵 조각들을 예수님께 드렸다. 때로는 당황해 하면서 또 때로는 정신적인 불안을 느끼면서. 그리고 계속 반복해서 내 스스로에게 말했다. 화와 분노를 바깥으로 표출할 때마다 내 마음속에서 계속 생겨나는 죄의식과 자책감을 버리라고.

그런데 실망스럽게도 죄의식과 자책감으로부터 벗어나는 과정은 매우 느렸다. 그래서 나는 하루에도 여러 번 기도했다.

"주님, 도와주소서."

"보라, 내가 항상 너와 함께 있도다" 하는 말씀이 위기의
순간마다 내 귓전에 들려 오는 것 같았다. 그 말씀은 나에
게 큰 위로가 되고 격려가 되었다. 분명히, 나는 내게 주어
진 임무를 계속 해 나아감으로 주님과 함께 기적을 창조하
고 있었다.
　마침내, 어떤 종류의 화든지, 화가 솟아날 때마다 나는 주
예수님과 아버지 하나님을 바라보았으며, 계속해서 성령님
의 도움을 요청하였다.

　끝이 부러져 있던 연필은 이제 뾰족한 끝을 가지게 되었
다. 그 뾰족한 끝은, '먼저 왕국을 찾고 그리고 그 왕국을
다스리시는 왕을 찾는' 나의 갈망을 가리키고 있었다.

기도를 위한 성경구절

　예수께서 또 일러 가라사대 나는 세상의 빛이니 나를 따르는 자는 어두
움에 다니지 아니하고 생명의 빛을 얻으리라 (요한복음 8:12).

　너희 속에 착한 일을 시작하신 이가 그리스도 예수의 날까지 이루실 줄
을 우리가 확신하노라 (빌립보서 1:6).

자유의 기적

양말 속의 나무 조각

어느 날 가까운 곳에 산책을 간 적이 있었다. 항상 기쁜 마음으로 산책을 즐기곤 했는데 이 날은 왠지 몸이 점점 피곤해지고 마음이 산란해지면서 짜증도 났다.

평탄한 산책로 길 주위의 경치는 여느 때처럼 아름다웠으며, 시원한 바람과 함께 따스한 햇빛이 비치고 있었다. 나무 위에서는 새들이 즐거이 노래하고 있었고 길 양쪽으로는 꽃들이 활짝 피어 있었으며, 지평선 위에는 나비들이 춤추고 있었다.

그러나 나는 주위의 아름다움과 즐거움을 전혀 느낄 수 없었다. 내 자신이 불편한 심기에 너무 깊이 사로잡혀 있었기 때문이었다. 마침내 나는 걸음을 멈추고 길가의 바위 위에 걸터앉아 지금 내게 무엇이 문제인지를 살펴보았다.

얼마 후 비로소 나는 이 아름다운 산책에 흥미를 잃고 짜증을 느끼게 되었던 근본적인 원인을 발견하게 되었다.

양말 속에 작은 나무 조각 하나가 들어 있었으며, 그것이 나의 산책길을 망쳐놓은 원인이었음을 알게 되었다.

그 나무 조각이 내 발목과 마찰을 일으켜 피가 양말에 스며 나오고 있었다. 그런데도 나는 그 나무 조각이 내 양말 속에 있었는지 조차 모르고 있었던 것이다.

내 산책길의 기분을 그토록 망쳐놓은 양말 속의 그 나무 조각을 왜 내가 일찍 느끼며 발견하지 못했는지 이해할 수가 없었다.

바위 위에 앉아서 그 나무 조각을 양말 속에서 꺼내면서부터 나의 산책길은 즐거워졌고 주위의 모든 것이 아름답게 느껴졌다.

지저귀는 새들의 노래 소리가 아름답게 들리기 시작했다. 내 피부를 부드럽게 스치는 시원한 바람의 움직임도 느낄 수 있었으며 지평선 위를 날고 있는 나비도 바라볼 수 있게 되었다.

양말 속에 들어 있던 보잘것없는 작은 나무 조각 하나를 제거함으로써 산책길의 분위기가 완전히 다르게 느껴졌다.

첫 번째 보리 빵의 기적은 일어나고 있었다...

사랑 안에서의 공동체

분노와 화를 인식하고 그것을 주님께 드리는 나의 습관이 정착되자 오랫동안 나를 끈질기게 괴롭혀 왔던 작은 나무 조각은 내 삶의 양말로부터 빠져 나왔고, 나는 새로운 자유를 얻게 되었다. 그리고 불필요한 나무 조각과는 달리, 분노와 화는 곧 생산적인 도구가 되었다.

내가 어렸을 때 친구 집에서 보았던 샘물의 기억이 다시 살아나면서, 나는 예수님께서 내 마음 속 깊은 곳에서부터 솟아나는 분노와 화를 잘 관리하여 그것으로 메마른 내 감정의 토지에 물을 주고 계시는 것을 느낄 수 있었다.

원래의 화는 나 자신을 꼼짝 못하게 하고 내 생활을 불편하게 했지만 예수님께 드린 후 변화된 나의 화는 내게 새로운 활력을 불어넣어 주었다. 그래서 나는 내 자신보다는 다른 사람들에게 더 많은 관심을 가지게 되는 여유도 갖게되었다.

내 기분을 상하게 하고 내 마음을 아프게 한 사람에게 화를 내는 대신, 그로 하여금 그렇게 화를 내도록 만든 환경을 나무라기 시작하였다.
그 사람의 마음 속 깊은 곳의 상처와 아픔을 알고 이해하기 시작하였으며, 그를 가엾게 여기고 그를 위해 기도할 수 있게 되었다.

사랑 안에서의 공동체가 진실되게 나타나기 시작한 것이다. '나 혼자'였을 때에는, 나는 항상 사람들과의 관계를 두려워하였다. 사람들과의 경험이 부족하여 어떤 종류의 단체에도 쉽게 어울릴 수 없었다. 더구나 어떤 중요한 순간에 내가 화를 냄으로써 다른 사람들로부터 사랑을 영원히 박탈당하지나 않을까 하고 늘 두려워했다.

그러나 그렇게 위험스런 분노와 화를 예수님께서 받으시고 처리하신 후에는 다른 사람들을 두려움 없이 사랑하고 또 믿을 수 있게 되었고 사랑의 공동체를 향한 진정한 움직임을 신중하게 시작할 수 있게 되었다.

내 과거의 분노와 화는 다른 사람들과 나를 이간시키고 떼어놓았지만, 예수님의 치료로 인해 다른 사람들에게 부드럽게 접근할 수 있게 된 것이다.

예수님을 믿고 따르는 우리들이 서로 사랑을 나누며 사는 모습을 안 믿는 않는 사람들이 보게됨으로 우리들이 믿음의 사람들임을 알게 될 것이라는 예수님의 말씀을 생각하면서, 천천히 그러나 확실히, 나는 그분께서 무엇을 말씀하고 계시는지를 깨닫고 있었다.

창조주의 형상을 따라

예수님께서는 예나 지금이나 절대적으로 완전하신 유일한 분이시다. 그 이유는 유일하게 그 분만이 사람이시면서 또한 삼위일체 중의 한 분이시기 때문이다.

나는 종종 이렇게 생각하곤 한다.
주님께서는 각 개인의 필요와 요구를 어쩌면 그렇게도 정확하게 보실 수 있으실까?
각각의 상황에 대처하는 방법을 어쩌면 그렇게도 잘 아실 수 있으실까?
어떻게 자기를 미워하고 배반한 자들마저도 사랑하고 아끼실 수 있으실까?

예수님께서는 자기 자신의 상한 마음을 걱정하거나 보호할 필요가 없었기 때문이었다.

예수님께서는 자신의 양말 속에 나무 조각을 가지고 있지 않으시다. 즉 예수님께서는 자기 자신의 내적인 필요와 요구를 채우기 위해 조금이라도 마음을 써야 할 이유가 없기 때문에 모든 사람과 자유로이 함께 하실 수 있는 것이다.

우리가 예수님을 우리 삶에 영접하게 되면, 그리고 사랑스럽지 않은 작은 보리 빵을 주님께 드리게 되면, 어떤 일이 발생하는가에 대한 바울의 말씀을 나는 이해하기 시작하였다.

"너희가 서로 거짓말을 말라. 이제 옛날의 너희와 그 행위를 벗어버리고 창조주의 형상을 따라 참된 지식으로 새로워지는 새로운 너희가 되었도다" (골로새서 3:9-10)

"주님, 저의 화와 분노를 받아 주소서. 그리고 하나님의 형상을 따라 성장할 수 있도록 도와주소서. 아직 할 일이 많이 있습니다. 그러나 이제 막 시작한 것처럼 느껴집니다."

완전함을 위한 기도

나의 빵과 생선을 예수님께 드리는 일을 시작한 이후, 나는 '주님 안에서의 완전함'을 위해서 기도하는 소규모 여성 그룹에 속하게 되었다.

우리는 아직 주님의 사랑이 닿지 않은 곳, 상처받은 삶, 그리고 나의 화처럼 솟아나기 직전에 있는 샘물과 같은 억압이 있는 곳에 주님의 사랑의 손길이 닿기를 원하는 중보 기도를 했다.

주님의 손길에 의해서 상처가 치유되고 억압이 제거되기를 기도했다. 누구든지 우리의 기도를 원하면 우리는 그 사람을 위해서도 기도해 주었다.

잠재의식 속에 감추어져 있던 화가 우리의 기도 모임을 통해서 얼마나 많이 표면으로 떠오르게 되었는가를 생각하면 놀라움이 앞선다.

어느 날 한 젊은 부인이 자기 남편과의 관계 개선을 위해서 도와 줄 것을 우리에게 부탁하였다. 그녀의 남편은 자기에게 계속 불친절하게 대한다고 했다.

그런데 이 부인이 자기 남편에 대해서 자기 스스로가 대단히 강한 분노의 감정을 가지고 있다는 사실을 알고나서는 자기 자신도 깜짝 놀랐다고 했다.

우리는 무릎을 꿇고 앉아서 그 부인의 눈물과 슬픔, 그리고 절망을 함께 나누었다.

그런데 주님의 사랑의 손길을 원하는 기도를 했을 때, 우리는 전혀 새로운 느낌에 빠져들기 시작하였다.

우리가 기도하고 있었던 방은 점점 더 깊은 고요 속으로 흘러들어 갔다.

우리가 이해하지 못한, 차갑고 침울하고 어두운 분위기였다. 그때 그 젊은 부인이 어린아이와 같은 목소리로 말했다.

"엄마, 왜 엄마는 저를 사랑하지 않으세요? 왜 엄마는 저를 진실로 사랑하지 않으세요?"

우리는 그녀의 손을 꼭 잡고 더 가까이 다가앉았으며, 그
녀의 어깨는 흐느낌으로 흔들리고 있었고 내 눈에도 눈물이
고였다. 한동안 침묵이 흘렀다.
  잠시 후 우리 중의 한 부인이 부드러운 목소리로 기도하
기 시작했다.

  "어머니가 자기를 진실로 사랑하지 않는다는 절망감과 두
려움을 느끼게 되었던 그 순간을 사랑의 손길로 치유하여
주시옵소서".

  어머니가 자신을 사랑하지 않는다는 사실을 알게 됨으로
써, 그녀의 개성은 마치 너무 일찍 꺾인 장미 봉오리처럼
성장하지 못한 채 움츠리고 있었음을 쉽게 알 수 있었다.
  우리는 계속해서 간절한 마음으로 함께 기도했다. 주님
안에서 완전하게 해 달라고, 주님의 사랑으로 어루만져 달
라고, 그녀의 상처를 완전히 치유할 수 있도록 해 달라고,
그녀의 어린 시절의 개성이 정상적으로 성장될 수 있도록
해 달라고, 그리고 어린 시절에 가능했던 그 모든 것이 이
루어질 수 있도록 해 달라고.

  어떤 상처이든 우리가 기꺼이 바칠 때 모두 치유해 주시
는 주님을 우리는 부르고 또 불렀다.
  드디어 방안에 따스한 기운이 스며들고 새로운 기쁨의 빛
이 흐르고 있음을 느낄 수 있었다. 우리들이 자리를 떠나려
했을 때 그녀는 웃으면서 말했다.

  "만일 제가 제 남편에 대해서 '화의 감정'을 가지고 있지
않았다면 어떻게 되었을까요?"

그녀의 남편은 당연히 그녀에게 항상 친절하게 대했을 것이다.

그녀가 가졌던 화의 연필 끝은 예리하고 날카로웠으며 따라서 심각한 문제의 중심을 우리들에게 정확히 가리켜 주었다.

주님께서 그 화를 받으셔서 그녀를 주님 안에서 완전하게 만들 때까지 그녀는 그녀 자신도 이해하지 못하는 화의 물결들을 얼마나 많이 누르고 참았을까?

두 개를 가리키는 화

새로운 통찰력을 통해서 나는 화가 '가리키는' 특성에 대해서 이해할 수 있는 기회를 하나 하나 가지게 되었다.

어느 날 한 중년 남자가 우리에게 와서 자기 부인을 위해 기도해 달라고 요청하였다.

그 남자의 말에 의하면, 자기 부인은 가족이 여행을 떠날 계획을 하거나 준비할 때면 언제나 신경질을 부리고 짜증을 내어 여행 계획을 중단시키거나 망쳐 놓는다는 것이었다.

여행 준비를 하거나 짐을 꾸릴 때면 자기 부인은 주체할 수 없는 정신적인 불안에 빠져든다면서 그 남자는 말했다.

"제 아내의 그러한 행동에 대해 너무 화가 나서 제 자신이 판단력을 잃어버리곤 합니다. 그래서 저도 모르게 아내에게 크게 화를 내게 되죠. 화를 낸 후에는 반드시 후회하고 뉘우치게 됩니다. 그렇지만 아내가 그러한 행동을 다시 보일 때면 또 화를 내고 흥분하며 안절부절못합니다. 이러한 경우에는 어떻게 하면 좋겠습니까?"

이번에는 화가 한 곳에만 있는 것이 아니라 두 곳에 있었다. 우리가 그의 부인을 위해 기도하는 동안 그 남자를 우리 곁에 앉아 있도록 했다. 우리가 기도할 내용을 남편의 화를 통해서 알 수 있기를 간구했다. 우리는 간절한 마음으로 계속 기도했다.

드디어 우리는 두 살 가량 되는 한 어린 소녀가 침대에서 내려진 후 방한복 속에 황급히 싸여 자동차로 운반되는 모습을 환상으로 보게 되었다. 그것은 어두운 밤이었다.
우리는 그 어린아이가 놀라 잠에서 깨어 소리내어 울다가 잠시 후 울음을 억제 당하는 모습을 보았다. 아이는 자기의 따뜻한 이불과 아기곰 인형을 찾았다. 그러나 아이의 손에는 방한복의 두터운 옷자락만 잡힐 뿐이었다.
우리는 그 어린아이가 그 순간에 가졌던 두려움, 허탈감, 긴장감, 그리고 혼란을 느낄 수 있었다.
아이의 부모들은 밤중에 서둘러 집을 떠나야 하는 절박한 이유를 알고 있었지만 어린 소녀 아이는 전혀 알지 못했다. 아이로서는 지금 자기에게서 없어진 모든 것들이 단지 일시적이라는 사실을 알 수 있는 방법이 없었다.
안전하고 행복한 집을 영원히 잃어버렸다고 하는 놀라움은 그녀에게 지우기 어려운 큰 상처를 남겨 놓았다.
그리하여 어린 소녀의 잠재의식 속에 얼룩진 그 상처는 40대의 나이에 들어선 그녀의 행복한 결혼생활을 방해하고 있었다.

여행을 떠나기 위해 준비할 때면, 그녀의 잠재의식은 두려움이 가득했던 어릴 때의 그 순간으로 돌아갔던 것이다. 그래서 그녀는 두려움과 불안감에 사로잡히게 되고, 그 불안감은 곧 화로 돌변했던 것이다.

우리는 그 부인의 어린 시절, 즉 공포와 겁에 질렸던 순간 순간에 그 어린 소녀가 예수님의 사랑의 손길을 느낄 수 있도록 해 달라고 기도했다.

기도가 끝난 후, 우리는 환상 속에서 보았던 그 사건을 이야기하면서 앉아 있었다. 남편은 자기 부인의 어린 시절에 그러한 경험이 있었다는 사실을 알고 있었으며 우리에게 그 사실을 자세히 설명해 주었다.

우리가 이야기를 나누고 있는 동안 '불황(不況)'이라는 단어가 내 머리 속에 떠올랐다. 그 단어는 내 머리 속에서 사라지지 않았으며 드디어 내 입 밖으로 나오고 말았다. 우리와 함께 기도했던 그 남자는 크게 놀라면서 말했다.

"제가 지금 막 불황을 생각하고 있었습니다. 저는 대불황기 중에서도 불황이 가장 심각했던 해에 7남매 중 막내로 태어났습니다. 그리고 저는 우리 형제들 중에서 덤으로 태어난, 말하자면 태어나지 않았으면 더 좋았을 사람이라는 말을 항상 들었습니다.
우리 집은 너무 좁아서 이사를 가야만 하는데, 막내인 제가 덤으로 태어난 것이 우리 집을 더욱 비좁도록 만든 주된 원인이라면서 걱정하시던 부모님의 말씀이 기억납니다."

그는 말을 멈추었으며 그의 어깨는 축 늘어져 있었다.

우리는 다시 고개를 숙이고 기도했다.

마침내 우리는 부인의 불안감이 그를 그토록 화나게 만든 이유라는 사실을 깨닫게 되었다.
이 가련한 중년 남자는 자신의 깊은 상처를 간직하고 있었으며 부인의 불안한 행동이 그 상처 뚜껑을 열고 말았던 것이다.

하나님의 계획에는 그 어느 누구도 결코 '덤'으로 태어난 인생이 있을 수 없다는 진리를 그 남자는 깨닫지 못하고 있었다. 이 세상이 있기 전부터 하나님께서는 우리들 각 개인에 대해서 이미 계획하셨다는 사실을 그는 전혀 이해하지 못했다.

불황기의 어려웠던 시기에 삶에 지치고 생활에 피곤했던 부모들에게는 그 아이가 짐이 되었을지도 모른다. 그러나 하나님에게는 그렇지 않다. 하나님께서는 모든 사람을 똑같이 사랑하고 아끼신다.

우리는 예수님께서 이 가련한 중년 남자의 상처를 치유해 주시기를 간구하면서 더 기도했다. 드디어 우리는 "자신을 불필요한 존재라고 생각하면서 '화와 분노'를 마음속에 가지고 있는 사람은 무엇보다 먼저 하나님께서 우리들 개인 한 사람 한 사람을 계획하셨고 원하셨다는 사실을 가슴 속 깊이 받아들여야 한다"는 사실을 깨닫게 되었다.

절망적인 거부감으로부터 벗어나기 위해 기도하는 사람은 특별히 중요한 임무를 가지게 된다.

즉 이전에는 결코 받을 것이라고 느끼지 못했던 주님의 크신 사랑을 요구해야 하고, 또한 주님께서 자기와 함께 해 주시기를 간구해야 하는 중요한 임무를 가지게 되는 것이다.

그와 같은 사랑은 오직 하나님만이 우리에게 주실 수 있는 선물임과 동시에 하나님께서는 그와 같은 선물을 우리에게 계속 베풀어주신다는 사실을 알아야한다.

그 부인은 여행을 계획하고 준비할 때 가졌던 불안감으로부터 즉시 해방되었다.

이제 그 부부는 함께 자주 여행을 즐기고 있다. 그러나 자기 자신을 '덤'의 인생이라고 생각하는 그 남자의 생각은 던져 버리기가 매우 힘들었다.

그러한 그의 생각은 하나의 습관이 되어 있었고 그 습관을 버리는 과정은 매우 오랜 시간이 필요하였다.

그래서 우리는 그 남자에게 어떤 경우이든 자기 자신이 부적절하게 화를 내거나 분노하게 될 때 스스로 자신의 감정을 주의 깊게 살펴볼 것을 요구했다.

그가 자신의 '화와 분노의 감정'을 주의 깊게 살펴보았을 때, 그 화와 분노가 자기 자신을 '덤'의 인생이라고 느끼게 했던 상황을 가리키고 있음을 알 수 있었다.

그래서 그 남자와 우리는 함께 무릎을 꿇고 예수님께 기도했다.

어린 시절에 생겨난 그의 상처를 주님의 사랑의 손길로 어루만져 주시기를 간구했다. 마침내 그 남자의 얼굴에 평온함과 자신감이 넘치는 것을 우리는 느낄 수 있었다. 오랫동안 그 남자를 괴롭혀 왔던 어린 시절의 상처는 주님에 의해 치유되었다.

역사, 문화 등 여러 가지 여건 때문에 우리는 '화와 분노의 감정'을 밖으로 표출하는 것을 두려워한다. 그래서 때로는 화와 분노를 깊은 무의식 속에 감추어 놓고 그것이 자기 자신에게 있다는 사실조차도 알지 못한다.

그렇기 때문에 그 화와 분노를 의식의 세계로 이끌어 내어 깨닫고 인식하는 데는 많은 인내와 용기가 필요하다.

예수님을 따를 때

나는 기도 모임에서 사람들이 예수님께 그들 자신이 가지고 있는 화와 분노를 즉시 없애 주시기를, 또는 자신의 화와 분노를 기쁨과 즐거움으로 즉시 변화시켜 주시기를 요구하면서 기도하는 것을 들었다.

우리가 고통받고 있을 때, 예수님께서는 우리를 한없이 불쌍히 여기시고 동정하시기 때문에 우리의 그와 같은 요구를 들어주시는 경우도 있다.

그러나 우리의 믿음이 더 성숙하고 우리가 예수님의 밝은 빛 가운데서 더 깊이 있는 생활을 하게 될 때, 우리는 예수님께 우리를 불가사의하게 변화시켜 달라고 요구하기보다는 우리가 우리 스스로를 알 수 있고, 우리 스스로의 특징을 받아들일 수 있도록 도와주시기를 기도하게 된다.

이 단계에 접어들게 되면, 우리는 우리의 일생을 예수님께 더욱 깊이 있고 진지하게 드릴 수 있게 된다.

하나님께서 우리로 하여금 화의 감정을 가지도록 허락하실 때에는 타당한 이유가 있음이 분명하다.

내가 기도하면서 보게 되었던 연필들의 모습은 내가 가지고 있었던 화에 대한 타당한 이유들을 가리키고 있었다.

화는 우리 자신이 주목해야 할 필요가 있는 상황을 우리에게 정확하게 지시해 주고 있다.

예수님의 분노와 화는 교회의 정화를 향해 가리키고 있었다. 바리새인들의 행동에 대한 질책, 그들의 위선과 자만에 대한 질책을 향하고 있었다. 또한 고통과 죽음으로부터의 구원을 향해 가리키고 있었다.

나의 분노와 화도 마찬가지 역할을 할 수 있다.

그러나 내가 세상에 나가서 이 세상의 부정과 옳지 못한 것을 바로 잡을 수 있을 만큼 완전해지기 전에, 먼저 내가 가진 분노와 화를 통해서 내 자신의 잠재의식 속에 있는 아직 치료되지 않은 상처를 발견해야 한다.

내 자신의 생활에서 그리고 내가 기도하고 있는 사람의 생활에서, 내 화가 가리키고 있는 방향을 살펴보아야 할 필요가 있다. 그것은 알려지지 않은 나의 분노와 화를 감추어 놓은 낡은 벽장문을 예수님께서 두드리시며 서 계시기 때문이다.

예수님께 내 잠재의식 속에 숨겨져 있는 화와 분노를 치유해 주시도록 간구하는 것은 참된 기쁨을 얻기 위함이다.

화가 내 잠재의식의 내부 세계와 의식의 바깥 세계를 연결하는 작은 통로를 만들어 놓지만 예수님께서는 초청을 받으시면 언제든지 그 통로를 통해서 걸어 들어오신다.
　　예수님께서는 말씀하셨다.

　　"나는 세상의 빛이니 나를 따르는 자는 어두움에 다니지
아니하고 생명의 빛을 얻으리라"(요한복음 8:12).

새로운 자유

　　다른 사람들로 하여금 화의 출발점을 알 수 있도록 도우
는 사역을 하면서 나는 이전에 결코 경험하지 못했던 많은
자유를 발견하게 되었다.

　　국맛이 너무 싱겁다고 하면서 남편이 화를 내었을 때, 즉
시 나의 요리를 옹호하면서 같이 화를 내는 대신 "당신이
화를 내는 근본 원인이 무엇이지요?"라고 부드럽게 말하면
서 남편의 화를 누그러뜨릴 수 있었다.

　　내 남편은 어떤 사람으로부터 부당한 취급을 받게 되면
즉각적으로 잠재의식 속의 화를 외부로 표출하곤 했다.
　　그런 남편을 보면서 나는 남편이 9살때 그의 어머니가 돌
아가셨음을 기억했다. 그리고 어린아이로서 어머니를 잃은
데 대한, 그 불공정에 대한 분노와 무서움과 외로움과 혼란
을 경험한 감정의 흔적을 내 남편이 아직도 가지고 있음을
알 수 있었다.

이제 나는 남편의 반찬 투정에 대해 웃으면서 대답할 수 있다.

"맞아요, 당신의 감정을 저는 이해해요. 그러나 그 감정을 국에다 쏟아 놓지는 마세요. 그 국은 당신이 즐겨 잡수셔야 할 음식이예요."

그런 다음 우리는 같이 웃을 수 있었으며, 국에 함께 소금을 더 넣으면서 간을 맞추었다.

남편의 어떤 행동에 대해서 화가 날 경우, 나는 잠시 마음을 가라앉힌 다음, 50년 또는 그 이전에 있었던 나의 분노와 화(지금은 잠재의식 속에 있는)가 남편의 행동에 의해서 어떻게 터뜨려졌는가를 발견할 수 있다.

물론 60년 가까이 몸에 배인 습관이 한꺼번에 창 밖으로 내던져지지는 않는다. 그러나 이제는 내가 사용할 수 있는 도구가 있으며, 나는 그 도구를 사용하면서 새로운 자유를 즐길 수 있게된 것이다.

사랑의 하나님

산 중턱의 호숫가에 앉아 내가 가지고 있는 다섯 조각의 빵과 두 마리의 생선을 주 예수님께 드리기로 결심한 날 이후, 샘물이 물을 제공하고 있었던 또 하나의 채소는 하나님 아버지에 대한 나의 새로운 정서적 반응을 불러 일으켰다.

아직도 많은 사람들이 그렇게 생각하고 있듯이, 오랫동안 나는 하나님을 벌하시는 아버지, 즉 나를 감시하시며 내가 죄를 지으면 기다렸다는 듯이 내게 채찍이라도 내리실 것 같은 그러한 아버지로 생각하고 있었다.

나는 내 자신과 다른 사람을 함께 감시하였다. 마치 죄짓는 것을 확인하고 그 증거를 확보라도 해 놓으려는 듯이. 그 원천지, 즉 출발점까지 추적하여 잠재의식 속에 감추어져 있던 나의 화를 찾아내어 그것을 주님께 드리기 시작하자 나는 하나님을 벌하시는 아버지가 아닌 사랑의 아버지로 볼 수 있게 되었다.

내 자식들이 버릇없는 행동이나 나쁜 행동을 하면 매를 내려치기 위해서 내가 그들의 매 순간 순간을 감시하지 않듯이, 우리 하나님 아버지께서도 그러시지 않는다는 사실을 알게 되었다.

나는 하나님의 사랑, 보호, 용서, 인내, 이해 등에 대한 증거를 찾기 위해 성경을 열심히 읽기 시작하였다.
분명히 하나님은 죄를 싫어하신다. 그러나 하나님은 우리가 도저히 상상할 수 없을 정도로 우리를 사랑하신다.

하나님은 우리의 죄를 용서해 주시기 위해 준비를 하셨다. 그러나 우리는 우리 스스로 죄의식을 느끼고 마땅히 처벌을 받게 될 것이라고 생각하면서 사랑의 하나님, 용서의 하나님을 믿으려 하지 않는다.
우리가 죄를 용서받을 수 있는 어떤 노력과 연구도 하지 않기에 우리는 우리와 다른 사람의 삶에서 사랑의 창조적인 능력을 전파할 수 있는 많은 기회를 놓치고 만다.

예수님께서 내 잠재의식 속에 숨겨져 있던 화를 찾아내어 그 상처를 치료해 주셨을 때, 나는 하나님의 사랑의 창조적인 능력이 내게 밀려오는 것을 느낄 수 있었다.

그 능력은 상처를 치료한다. 끊임없이 흐른다. 새로움을 창조하며 우리를 위로한다. 우리의 죄를 용서하며 우리의 영혼을 만족시킨다.

그 능력을 경험하게 되면 우리는 더 이상 잠재의식 속에 감추어져 있는 화에 의해 스스로 고통받지 않아도 된다. 그 능력은 대단히 크며 우리는 그 능력이 하나님의 능력임을 깨닫게 된다.

예수님께서는 우리가 화를 마음속에 품는 것을 원하시지 않으며, 바깥에 드러내어 밤이 오기 전, 즉 날이 저물기 전에 처리하는 것을 원하신다. 나는 '화를 품다'라는 예수님 말씀의 의미를 단지 상상만 할 수 있을 뿐이다.

우리는 화와 더불어 산다. 반복해서 화를 내기도 하며 화를 누그러뜨리기도 하며. 때로는 화를 즐기면서 살기도 한다.

바울이 "화는 내되 죄는 짓지 말라."고 말했을 때, 화를 내는 것이 좋다는 뜻으로 말한 것은 아니라고 생각한다.

습관적으로 화를 내거나 화내는 것을 좋아해서는 안된다. 대신 화를 정직하게 바라보고 그 화가 출발한 원천지가 어디인지를 살펴보아야 한다.

그런 다음, 그 화를 그대로 품는 대신 우리와 다른 사람들의 삶과 하나님의 영광을 위해 그 화를 하나님께 드림으로써 그 화의 감정을 처리해야 한다.

기도를 위한 성경 구절

여호와께서는 그 모든 행위에 의로우시며 그 모든 행사에 은혜로우시 도다. 여호와께서는 자기에게 간구하는 모든 자 곧 진실하게 간구하는 모든 자에게 가까이하시는도다 (시편 145:17-18).

그러므로 예수께서 자기를 믿은 유대인들에게 이르시되 너희가 내 말에 거하면 참 내 제자가 되고 진리를 알지니 진리가 너희를 자유케 하리라 (요한복음 8:31-32).

제 2 장

두 번째 빵 : 용서하지 않음

빨간색 인조 보석

나는 지금 보석 상자를 손에 들고 서 있다. 그 상자 안에는 우단으로 싸인 빨간색 인조 보석이 들어 있다.

이 빨간색 인조 보석은 우아하게 반짝이는 많은 면으로 이루어져 있는데 누군가가 보석을 훔쳐가거나 빼앗아 갈까 두려워 다른 사람의 눈에 띄지 않는 곳에 감추어 잘 보관하고 있다.

이 빨간색 인조 보석은 내가 가장 아끼는 보물이기에 가끔씩 침실에서 은밀히 꺼내어 바라보면서 즐기곤 한다.

어느 날 나는 보석에 너무 정신이 팔린 나머지 방문을 닫는 것도 깜박 잊고 한참 보석에만 몰두해 있었다.

누군가가 내 어깨 너머로 보석을 훔쳐보고 있음을 느낀 나는 보석을 감추려고 했지만 그는 나의 보석에서 눈을 떼지 않았다. 마침내 그는 웃으면서 내게 물었다.

"그 인조 보석을 진짜 다이아몬드와 바꾸시지 않겠습니까?"

나는 그를 쳐다보면서 진심으로 말하고 있는지를 살폈다. 그는 진심으로 그 말을 하고 있음이 분명했다. 그는 이미 자주빛 색깔의 천을 풀기 시작했고 그 안에는 눈이 부시게 아름다운 진짜 다이아몬드가 있었다. 그는 다이아몬드를 손바닥에 놓고 햇빛에 비춰 보았다.

나는 호흡이 멈추어질 지경이었다. 논리적으로 생각해도

그는 내가 전혀 거절해야 할 이유가 없는 제의를 해 오고 있는 것이다.

그러나 나는 그의 호의적인 제의를 받아들이고 싶지 않았다. 나는 나의 빨간색 인조 보석을 다시 한번 쳐다보았다.

어린 아이였을 때부터 나는 이 보석을 좋아하고 아껴왔으며 처음 이 보석을 받았을 때의 기쁨을 즐거운 추억으로 기억하고 있다.
이 귀한 보석을 내 벽장 깊숙이 감추어 놓고 있는 동안은 나는 안심했다. 정말 나는 이 보석을 애지중지 간직해 왔으며 남몰래 꺼내어 볼 때마다 그것을 처음 받아 든 순간의 기쁨을 되살리곤 했다.
나는 이 빨간색 인조보석에 정이 들었고 익숙해 있었기에 이 보석을 정말 좋아했다.

그 사람이 가진 눈부시게 빛나는 다이아몬드는 나의 인조 보석보다 값어치는 훨씬 더 있을 것이다. 그러나 나의 이 정든 보석만큼 내가 아끼고 즐길 수 있을 것인가? 나는 한 참동안 망설이다가 작은 소리로 물었다.

"제가 이 보석과 그 다이아몬드를 동시에 가질 수 있는 방법은 없습니까?"

"안됩니다, 그렇게는 할 수 없어요. 당신은 이 다이아몬드를 가질 수 있습니다. 그러나 그것은 당신이 내게 그 빨간색 인조 보석을 기꺼이 넘겨 줄 경우에만 가능합니다."

그는 내게 부드러운 미소를 보냈다. 그러나 그는 결코 내게 강요하지는 않았다. 그 제의에 대한 결정은 내가 해야 했다.

두 번째 빵의 발견

무엇이 주님께 드릴 두 번째 빵이 되어야 할 것인가에 대해서 알게 된 것은 바로 이때였다.

내가 일생 동안 가슴속에 품어 온 다른 사람을 용서하지 않는 마음, 즉 많은 면들을 가진 '나의 빨간색 보석'을 버린다는 것은 정말 어려웠다.
남을 너그러이 용서하는 맑은 마음, 즉 순수하고 반짝반짝 빛나는 다이아몬드를 대신 가지는 것은 참으로 힘들었다.

물론, 나는 다른 사람을 많이 '용서해' 주었다.
그러나, 남을 용서하지 않았던 경우가 더 많았다. 그런 경우에 나는 용서하지 않는 나의 입장을 스스로 정당화시켰다.

"그 사람으로 인해 나는 많은 상처를 입었다. 내게 상처를 입힌 그 사람은 결코 뉘우치지 않았다. 내가 입은 상처를 생각할 때 나는 그 사람을 용서할 수 없으며 용서하지 않는 내 자신의 행동은 정당하다."

내가 남을 용서하지 않는데 대해서 그때 그때마다 이런

타당한 변명을 가지고 있었다.

더욱 중요했던 것은, '화'의 경우처럼 '용서하지 않는 마음'도 내 잠재의식의 깊은 곳에 감추어져 있었는데 나는 그것이 있는지 조차도 몰랐다는 사실이다.

내 자신은 내게 '용서하지 않는 마음'이 있는지 조차도 몰랐기에 나의 행동은 그것에 의해서 조종되고 있었다.

솟아오르는 샘물을 뚜껑으로 막아 버렸을 때 인근 지역의 다른 지점에서 샘물이 솟아오르는 것처럼, 나의 '용서하지 않는 마음'은 관련도 없는 다른 곳에서 분출되고 있었다.

나 혼자만 '용서하지 않는 마음'을 가지고 있는 것은 아니었다.
시댁 식구에 의해서 여러 해 동안 '부당한 취급'을 받아왔다고 하소연해 온 한 부인을 위해 기도해 준 적이 있었다.
그녀는 자기가 얼마나 학대를 당하고 피해를 입었으며 또한 상처를 입었는가를 내게 자세히 이야기해 주었다.
나는 그녀를 위해서 많은 시간 기도했다. 그리고 마침내 그녀와 시댁 식구와의 화해를 위해 나는 하나의 제의를 했다.

그러나, 그 부인은 고마워하기는커녕 몹시 화를 내었다. 시댁 식구와의 원만한 관계를 원하는 나의 제의에 대해서 그녀는 무척 놀라고 기분 나쁘게 생각하는 것 같았다. 그녀는 토라져서 몇 달 동안 내게 말도 하지 않았다.
그녀가 내게 얘기했던 '시댁 식구와의 나쁜 관계'는 동정을 얻고 불편을 말하기 위한 구실이었으며 또한 이용당하고 학대당한다는 감정을 정당화하기 위한 변명일 뿐이었다. 그녀는 시댁 식구와의 관계를 개선하고자 하는 마음을 전혀 가지고 있지 않았다.

나는 얼굴이 빨개져서 뒤로 물러섰다. 그러나 이 일을 계기로 내 자신도 그녀와 똑같은 식으로 다른 사람과의 관계를 유지하고 있지 않는지 살펴보게 되었다.
의심할 여지없이, 내 생활에서도 비슷한 경우가 많았음을 확인할 수 있었다.

용서의 중요성

하나님께서 만드신 이 세상에서 용서가 중요하다는 사실은 의심할 여지가 없다.

예수님께서는 말씀하셨다. 예물을 가지고 제단에 나가기 전에 서로 '용서하지 않는 마음'을 풀고 화해해야 한다고. '용서하지 않는 마음'을 가슴속에 간직하고 있는 것은 마치 치료되지 아니한 상처가 우리의 가슴 속 공간을 가득 채우고 있어서 하나님의 성령이 그 곳에 자리할 틈이 없는 것과 같다.

내 삶의 목표는 가능한 모든 방법으로 성령님을 더 많이 내 마음속에 받아들이는 것이다.

'용서하지 않는 마음'을 주님께 드릴 두 번째 보리 빵으로 결정했을 때, 나는 내 마음속의 많은 부분들이 이 두 번째 보리 빵으로 가득 차 있음을 인식하고 놀라움을 금할 수 없었다.

'화'를 첫 번째 빵으로써 주님께 드린 후 '화'의 저수지는 점점 작아지고 있는 반면, '용서하지 않는 마음'은 더욱 명백하게 드러나 보였다.
'용서하지 않는 마음'은 쉽게 발견되었고 확인까지 할 수 있었다.

예수님의 치료

나는 한 친구와 마음이 상하게 된 경험이 있다.
그 친구가 먼 여행에서 돌아왔을 때 나는 그녀를 부둥켜 안으며 그녀가 여행을 떠나고 없는 동안 무척 보고 싶었다는 말을 했다.
내 말을 듣고 그녀는 나를 몹시 꾸짖었다. 그녀는 내가 자기를 너무 많이 필요로 하며 지나치게 의존한다면서 나를 나무랐다.
처음엔 그 말에 마음이 상하고 화가 났지만 내가 그녀에게 했던 말을 하나 하나 다시 생각해 본 후에는 내가 했던 말과 행동에 대해서 나 자신을 꾸짖었다.
그리고 그녀를 잘못 이해하고 있었다는데 대해서 내 자신을 심하게 질책했다. "내가 밉다! 왜 나는 그토록 어리석었던가?" 하는 감정을 지울 수 없었다.

무척 어려운 일이었지만, 나는 부족하고 불충분한 내 자신에게서 눈을 떼어 주 예수님을 향하기로 하고 주 예수님을 생각했다.

예수님께서 그때그때 주어진 각 상황을 다루시는 모습을 그려보았다. 마침내 나는 예수님께 여쭈어 보았다.

"주님, 이런 경우에는 어떻게 해야 합니까? 어떻게 해야 저의 상한 마음에서 해방될 수 있는지 가르쳐 주시옵소서."

나는 주님의 대답을 기다리면서 조용히 앉아 기도했다. 드디어 나는 아버지의 기타 연주에 맞추어 춤추고 있는 어린 시절의 내 모습을 그려보게 되었다.

어린 나는 아버지의 기타 소리에 맞추어 즐겁게 몸을 흔들면서 춤추었고 아버지는 기타를 치면서 흥겹게 노래를 부르셨다.

그 때 어머니가 들어 오셨다. 어머니는 아버지의 기타 연주와 멋대로 움직이는 나의 춤을 비웃으셨다.

어머니가 우리를 너무 비웃었기 때문에 아버지는 기타를 치워 버렸다.

내 어린 시절의 무척 귀한 한 순간이 잠재의식의 깊은 곳에 상처로 남게된 것이다.

어머니가 자신의 마음 속 깊숙이 남아 있는 상처로 인해서 다른 사람들의 귀한 순간들을 망가뜨려 놓는 모습이 내 머리 속에 떠올랐다.

나는 무릎을 꿇고 순수한 용서의 마음이 나에게 흘러 넘치도록 해 달라고 기도했다. 또한 어머니가 그렇게 행동하시도록 만든, 어머니의 마음 속 깊은 곳에 있는 상처를 치유해 주시도록 기도했다.

마침내, 나는 더 이상 어머니가 피해 의식과 원망의 마음을 가지지 않을 수 있도록 예수님께서 어머니에게 따뜻한 사랑의 선물을 주시는 것을 마음속으로 볼 수 있었다.

그런 다음, 나는 아버지가 기타를 연주하시고 내가 춤을 추는 곳에 예수님께서 계시는 모습을 볼 수 있었다. 예수님께서는 우리의 음악과 춤을 비판하지 않고 사랑하셨다.
어머니도 함께 계셨으며 어머니 역시 아버지의 기타 소리와 노래 소리, 그리고 나의 춤을 사랑하셨다.

예수님께서는 우리 가족을 위해 전체 이야기를 아름답게 바꾸어 놓으셨으며, 나는 가족과 재회하는 진정한 기쁨을 누렸다. 그리고 나서 나는 주님께 다시 말했다.

"그러나 주님, 이러한 일들이 저에 대한 제 친구의 그 태도와 무슨 상관이 있습니까?"

나의 옛날 모습들이 다시 내 눈앞에 나타났다. 그리고 내 생애의 중요한 순간들에 상처를 입혔던 사람들의 모습이 번갈아 나타났다.

상처를 입었던 각 순간들이 내 눈앞에 나타날 때마다 나는 아버지의 기타 소리에 맞춰 춤추는 어린 소녀가 되었다.

나는 어린아이처럼 행동하고 생각하였으며 결코 어른으로서
생각하거나 행동하지 않았다.

이러한 나는, 나에게 영향을 미칠 수 있는 힘을 가진 사
람의 호의를 얻으려고 노력했다. 나는 그 사람을 의존하려
했고 가까이 하려 했으며 두려워했다. 이것은 결코 자유 의
지를 가진 성숙한 기독교인의 행동이 아니었다.

예순의 나이가 가까운 나에게 우정에 상처를 입히는, 내
과거의 '용서하지 않는 마음'을 예수님께서는 내게 보여 주
고 계셨다.

내 친구와의 관계를 다시 한 번 생각해 보았을 때 나는
친구가 내게 '상처 입힌' 그 사건의 근원지를 알 수 있었다.
또한 내가 상처받은 어린 시절의 정서적 반응으로 되돌아갔
을 때, 내 인생의 다른 사건들의 진실된 모습도 알 수 있게
되었다.

바로 그 순간, 나의 주님이신 예수님께서 나의 선택을 기
다리며 서 계셨다. 나는 주님께, 용서하는 사랑의 마음을 단
단하게 걸어 잠근 내 벽장 속에 넘치도록 부어 달라고 요구
할 수도 있었으며, 나의 빨간색 보석을 더 오래 나의 벽장
속에 간직할 수도 있었다.

내가 선택을 내리자마자 완전을 향한 새로운 발걸음이 가
능해졌다. 나는 기도했다.

"주 예수님, 여기에 작고 볼품없는 저의 두 번째 보리 빵

이 있습니다. 이것을 받으셔서 오천 명을 먹이시지 않겠습니까? 과거의 '용서하지 않는 마음'을 주님께 드리는 것은 제 역할이지만 제 가슴속에 용서를 심는 것은 당신이셔야만 합니다."

용서의 사랑

주님의 도우심을 받아 내 마음에 치유의 사랑이 흐르도록 했을 때, 나는 완전히 새로운 느낌에 젖어들고 있었다.

나는 어머니를 새로운 방법으로 용서할 수 있었다. 또한 아버지가 아버지 자신과 나를 그 당시의 상황에서 어머니로부터 방어하지 못한 것에 대한 원망을 가지고 있었다는 사실을 알 수 있었다.

뿐만 아니라, 아직까지 내가 아버지를 용서하지 않고 있다는 사실도 깨닫게 되었다. 그 외에도 나에게 상처를 입혔던 많은 사람들을 사랑에 의해서 내가 용서해 주어야 함을 알 수 있었다.

내 어린 시절의 한 작은 사건이 수많은 다른 사건들의 근원지가 되었음을 알 수 있었다. 내 가슴이 이토록 단단하게 굳어 있었더란 말인가?

그렇다. '화와 분노'는 물과 같다. 화와 분노는 이곳 저곳으로 흐르고 움직이면서 작은 개울을 만든다. 화와 분노는 한 곳에 모여 큰 저수지를 만들지만 그 저수지는 또한 배수가 가능하다. 분명히, 하나님께서는 '화와 분노'를 위한 장소를 창조하셨다.

그러나 '용서하지 않는 마음'은 단단한 바위와 같다. 용서하지 않는 마음은 움직이지 않고 고정되어 있다. 너무 단단하기 때문에 파고 들어내어 제거하지 않으면 그 장소에 고착되어 있다. 하나님의 계획에는 '용서하지 않는 마음'을 위한 장소가 아예 없다.

단단하고 여문 나의 이 빨간색 보석을 더욱 상세히 살펴보게 되었을 때 나는 이 빨간색 보석이 정말 많은 면들을 가지고 있다는 사실을 알 수 있었다.

맨 먼저 나는, 때로는 고의로 그러나 대부분은 그들 자신의 상처나 부족함으로 인해 내게 커다란 상처를 입힌 사람들에 대해서 내가 용서하지 않고 있다는 사실을 알게 되었다.
그것은 내 빨간색 보석의 한 면이었다. 그러나 그 면은 다루기가 가장 쉬운 면이었다.
내게 상처를 입혔던 사람들의 행동을 이해하게 되자 나는 그들을 동정하고 용서할 수 있게 되었다.
나는 나의 과거에 상처를 입혔던 사람들의 삶에 예수님의 용서의 사랑이 가득 부어지기를 기도하면서 많은 시간을 보냈다.

사실 이 사람들 외에도 내가 용서하지 않고 있었던 사람들은 훨씬 더 많았다. 그러나 나는 모든 사람들을 용서해 준 것으로 생각하였다.

내 과거의 어떤 순간에 상처를 입힌 사람을 발견했을 때, 나는 그 사람을 예수님의 사랑으로 용서해 주었으며 그것으로 모든 용서가 이루어진 것으로 믿었다.

나의 아버지가 큰 코와 작은 키를 내게 물려준 데 대해서 나는 결코, 그리고 진심으로 아버지를 용서해 드린 적이 없다.
아버지가 내게 상처를 주기 위해서 큰 코와 작은 키를 물려준 것은 결코 아니다. 물론 아버지 자신의 상처나 부족함 때문도 아니며 그 외의 내가 용서해 드려야만 할 어떤 다른 이유 때문도 아니다.

이 '용서하지 않는 마음'은 무척 어리석고 이기적이며 더러운 것 같았다. 그래서 나는 그것을 내 잠재의식의 깊은 곳에 재빨리 묻어 버리고 예수님께 드리지 않으려고 했다. 그러나 주님께서는 이렇게 말씀하셨다.

"그것이 네게 어떻게 보이든 신경쓰지 말아라. 나는 그것을 가지기를 원한다. 그것을 내게 다오."

별로 달갑지 않은 육체적, 정신적 특징을 물려받은데 대해 부모에게 '용서하지 않는 마음'을 가지고 있는 것이 나 혼자만이 아니라는 사실을 나중에야 알게 되었다.
내가 그 문제를 언급하자 나의 많은 친구들이 똑같은 종류의 고민들을 털어놓았다.

우리가 어떤 사람을 용서해 줄 때에는 그 사람이 죄를 지었다는 가정을 전제로 한다. 그러나 사실은 전혀 그렇지 않은 경우도 많다.

　용서의 필요성은 용서해 주어야 할 문제 그 자체에 있는 것이지 어떤 사람이 용서받아야 할 필요가 있기 때문이 아니다.
　내가 남을 용서할 수 있도록 도와 달라고 주님께 기도했을 때 내 기도의 대상이 되었던 많은 사람들은 내가 자기들에게 나쁜 감정을 가지고 있다는 사실을 전혀 몰랐으며 또한 알 필요도 없었다.

　나의 아버지께서 살아 계신다고 하자. 그리고 내가 아버지께 아버지에 대한 나의 '용서하지 않았던 마음'을 설명드린 다음 이제 드디어 내가 아버지를 용서했다고 고상하게 말씀드린다고 하자. 아마도 그것은 딸로서 아버지께 가장 버릇없고 불친절한 일이 될 것이다.

　대부분의 사람들은 남에게 의도적으로 상처를 입히지는 않는다. 자신의 자식들에게는 두 말할 나위도 없다.
　만일 어떤 사람이 악의와 나쁜 마음으로 우리에게 상처를 입혔다 하더라도 문제는 그들과 하나님과의 사이에서 해결되는 것이 좋다.
　왜냐하면 의도적인 비열한 행동으로 여겨졌던 행위들도 시간이 경과하게 되므로 그 사람으로서는 가장 최선의 방법이었다는 사실이 밝혀지곤 하기 때문이다.

내 자신에 대한 용서

내게 상처를 입혔다고 생각되는 모든 사람들을 용서해 준 뒤, 이제 모든 용서가 끝났으며 내 마음속은 정말 깨끗해졌다고 생각했으나 그렇지가 못했다!

내가 나의 빨간색 보석을 반바퀴 돌렸을 때 이전에 미처 인식하지 못했던, 또 하나의 빛나는 면을 발견하게 되었다. 그것은 내 자신에 대한 나의 '용서하지 않는 마음'이었다.

어느 날 나는 내 빨간색 보석의 이 면과 정확히 마주치게 되었다.

나는 고양이를 좋아했는데 어느 날 나의 부주의로 인해서 내 고양이 한 마리가 죽고 말았다.

"주님, 저를 용서하여 주시옵소서."

그 고양이를 생각하면서 나는 계속 울었다. 그리고 그 고양이에게도 용서를 빌었다. 드디어 나에게 하나님 아버지의 목소리가 들리는 것처럼 느껴졌다.

"나는 너를 용서하였다. 그 고양이도 너를 용서하였다. 이제 너를 용서해야 될 자는 바로 너 자신이니라."

용서의 사랑으로 나를 채워 주시기를, 그리고 내가 내 자신을 용서할 수 있도록 허락해 주시기를 하나님께 기도하였을 때, 나는 말로 표현할 수 없는 큰 해방감을 느끼게 되었다.

나는 계속 울었다. 내 무의식의 깊은 곳으로부터 또 하나의 사건이 떠올랐다.

대학 시절 나는 어떤 남학생과 함께 한 외로운 여학생을 '도와주기로' 했다.
그 여학생은 남자와 한번도 교제해 본 적이 없을 정도로 외로운 생활을 했다. 지금은 그 사실을 잘 알고 있지만, 그 당시 우리는 그녀가 겪고 있었던 처참한 삶에 대해서 전혀 알지 못했다.
우리는 이기적이고 어리석었으면서도 소위 '좋은 일'을 한다는 생각으로 그 일을 시도했다.

나중에 그녀는 자기 방에서 독약을 마시고 죽은 채로 발견되었다. 그 남학생과 내가 그녀를 위해서 시도했던 일이 그녀의 죽음에 영향을 주었는지의 여부는 나로서는 알 길이 없었다.

그러나 나는 그 사건이 내 잘못이었다는 가정을 항상 해 왔다는 사실을 비로소 알게 되었다.

그녀의 죽음은 너무나 소름끼치는 일이었으며 나는 그것을 생각하기조차 싫었다. 그래서 나는 그 사건을 내 무의식 깊은 곳에 묻어 버렸다.

이제 드디어, 용서가 가능하다는 사실을 나의 무의식이 깨닫게 되었고 그 전체 사건이 표면의 의식 세계로 떠오르게 되었다.

나는 울면서 주님께서 그 악몽의 사건에 용서의 사랑을
부어 주시기를 간절히 기도했다. 나는 예수님께 그 소녀를
어루만지셔서 그녀의 상처를 치유해 주시고 견디기 어려웠
던 그 고통을 덜어 주시기를 기도했다. 왜냐하면 예수님께
서는 우리들과는 달리 시간적, 공간적 제약을 받지 않으시
기 때문이다. 또 그 당시 분별없고 철부지 같았던 내 자신
을 용서할 수 있도록 허락해 주시기를 기도했다.

주님께서는 나의 기도에 응답하셨다.

수십 년의 세월이 지난 지금, 나는 그 때의 상황을 볼 수
있으며 그 여학생과 남학생, 그리고 내 자신을 사랑할 수
있게 되었다.

내가 저질렀다고 생각되는 모든 '잘못된 일'에 대해서 내
자신을 용서한다는 것과, 성령의 빛에 의해서 죄를 깨달아
하나님께 용서를 구함으로써 용서를 받는 것은 전혀 다르다.
내가 하나님께 용서를 구하고 하나님의 사랑의 선물에 의
해서 용서를 받으면 그것으로 일단락 된다.
하나님께서는 나를 용서하시고 나의 잘못에 대해서도 잊
어버리신다(forgive and forget).
하나님께서는 나의 죄를 영원히 망각 속에 묻어 버리신다.

그러나 내 자신에 대한 용서에서는 죄, 슬픔, 화, 두려움
등의 막연하고 불편한 느낌들이 나의 과거로부터 끊임없이
내게 밀려왔다. 나는 결코 자유롭지 않았으며 등에 항상 무

거운 바위를 지고 있었다.

　나의 깊은 잠재의식으로부터 그 모든 추한 것들을 끄집어내어 예수님의 성스러운 손에 드리는 데에는 엄청난 노력이 필요하였다.
　내 자신에 대해서 용서하지 않았던 나의 삶과 내 개성의 각 부분들을 끄집어내어 예수님께 드릴 때마다 죄로 가득한 실제 부분들을 자유로이 볼 수 있었다. 이전에는 결코 불가능했던 일이었다. 나는 그것들을 즉시 고백하고 용서받을 수 있었다.

하나님에 대한 용서

　"주님, 이제 끝났습니까? 이제, 제게 있는 두 번째 빵을 모든 부스러기까지 주님께 다 드렸습니까?"

　나의 '용서하지 않는 마음'을 주님께 바치기 위해서 더 이상 무엇을 또 찾아낼 수 있단 말인가? 그러나... 나의 빨간색 보석의 방향을 다시 한번 더 돌렸을 때 나는 새로운 면을 하나 더 발견하였다. 그 면은 각 모서리의 끝이 대단히 날카로우며 흠 하나 없는 새로운 것이었다. 내 손이 그 면에 닿기만 하여도 나는 아픔을 느꼈다.

　그 면은 하나님에 대한 나의 화와 분노였다. 누가 감히, 우리 모두의 창조주이신 거룩하신 하나님께 화를 내고 분노한다고 말할 수 있단 말인가?

그러나 하나님에 대한 나의 화를 인식하게 된 뒤, 나로서는 그것을 부정할 수 있는 방법이 없었다.

나는 세상을 살아오면서 우리의 창조주께서 내게 잘해 주지 못했으며 불공평했다고 느낀 적이 많이 있었다. 그 뿐만이 아니었다. 우리 창조주께서 나의 경우보다 더욱 불공평하시그 잘못해 주신 많은 사람들을 나는 알고 있었다.
나는 몇 종류의 동물에 대해서도, 하나님께서 매우 불공평하게 만드셨으며 잘못해 주신 것으로 생각하고 있었다.
세계 곳곳에서 굶어 죽어가고 있는 아이들, 지진으로 인한 대 참사, 그 외 하나님께서 만드신, 결코 완전하지 못한 이 세상에서 발생하는 이런 저런 사건들도 마찬가지였다.

나는 하나님 아버지에 대해서 너무 많은 분노와 화를 가지고 있었다.

"하나님, 제가 하나님께 이렇게 많은 화와 분노를 가지고 있습니다. 하나님을 용서해 주어야 할 입장에 있으니, 저는 깊은 지옥으로 떨어져야 될 운명일 수밖에 없습니까?"

그런데 나는 그렇게 생각하지 않는다. 예수님을 통해서 가르치신 주님의 기도문에서, 우리가 용서를 하면 하나님께서도 우리를 용서해 주신다고 하셨기 때문이다.

여기서도 마찬가지로, '하나님을 용서'해 주기 위해서 내가 의식적으로 노력을 해야 되는 이유는 하나님께서 죄를 지으

셨기 때문이 아니라 내 마음속의 단단한 바위를 제거하기
위해서이다(하나님께서 죄를 지으신다는 것은 있을 수 없는
일이 아닌가?). 그렇게 하기 위해서는 먼저 하나님에 대해
서 내가 가지고 있던 모든 나쁜 감정들을 확인해야 했다.

　내가 구체적으로 확인할 수 있는 감정들은 다루기가 쉬웠
다. 그러나 막연한 무엇인가가 내 무의식 세계의 모퉁이에
존재하고 있는 것 같았다.

　어느 날 나는 내 친구 제인의 고양이를 통해서 하나님에
대한 내 무의식 속의 화에 관한 실마리를 찾을 수 있었다.
나의 친구 제인은 이제 하나님 곁으로 가야 될 운명에 처해
있었으며 제인도 자기의 그러한 운명을 잘 알고 있었다. 이
제 그녀는 모든 것을 잊고 마음의 평화를 얻었으나 한 가지
해결하지 못한 문제가 있었다. 자기가 아끼고 사랑하던 고
양이 캣시의 장래 문제였다.

　예쁜 색깔의 털을 가진 캣시는 주위 상황을 잘 판단할 줄
아는 대단히 영리한 고양이였다. 우리 집에는 이미 여러 마
리의 고양이가 있었지만, 나는 친구가 애지중지 기르다 남
겨놓은 고양이 캣시를 맡겠다고 했다.

　나는 우리 집 고양이들이 캣시에게 달려들어 텃세라도 부
리면 어쩌나 하는 염려를 하고 있었다. 그러나 예상과는 달
리 오히려 캣시가 우리 집에 있는 모든 동물들을 크게 혼내
주고 있었다.

　문제는 캣시 자신이 우리 집에 적응하기를 거부하는 것이

었다. 캣시는 마음의 문을 굳게 닫고 있었다. 그는 한사코 자기의 옛날 집으로 돌아가려 했다. 캣시가 이 새로운 분위기에서 마음을 편안히 가질 수 있도록 하기 위해서 나는 내가 할 수 있는 모든 일을 다 했다.

그러나 캣시는 나의 호의를 전혀 받아들이려고 하지 않았다. 캣시는 문 앞에 쪼그리고 앉아서 분노와 화의 신음 소리를 내고 있었다. 캣시는 놀지도, 내 품에 안기지도, 먹지도 않았다. 어떤 좋은 음식으로도 캣시의 마음을 살 수 없었다. 고양이 캣시에게 지금 자기가 처한 상황을 설명한다는 것은 대단히 어려운 일이었지만 나는 시도해 보았다.

"캣시야, 너의 옛날 집은 없어졌단다. 만일 내가 지금 너에게 네가 원하는 자유를 준다고 하자. 눈이 내리는 겨울이 되면 너는 꼼짝없이 굶주림과 추위로 죽고 말거야. 너에게 무슨 일이 발생할지 너는 모르지만 난 잘 알고 있어. 나는 지금 너를 위해서 최선을 다하고 있어. 그리고 너의 그 무례한 행동에도 불구하고 나는 너를 사랑해. 제발 나를 용서해 주고, 내가 너를 위해 계획하고 있는 이 모든 환경에 적응해 줘."

그러나 캣시의 대답은 한 마디로 "노우(No!)"였다. 캣시는 결국 우리 집에서 몰래 도망쳐 나가 영영 사라지고 말았다. 만일 캣시가 우리 집 환경에 잘 적응만 할 수 있었더라면, 나는 기꺼이 그에게 적절한 자유를 허락했을 것이다.

그 작은 고양이의 두뇌로서는 내가 잔학한 폭군이 아니며 자기에게 가장 유리하도록 모든 것을 준비하고 계획하는 사랑의 친구라는 사실을 이해할 수 없었던 것이다. 아뭏든 그 작은 고양이 캣시는 이 세상에서 오래 살지 못했을 것이다.

가끔씩 나는 내 두뇌가 캣시의 두뇌와 별로 다를 것이 없다는 사실을 느끼곤 한다.
나에 대한 하나님의 계획을, 나를 한없이 사랑하는 자비로운 친구의 계획으로 받아들이지 못한다. 그래서 어리석게도 나의 '용서하지 않는 마음'의 빨간색 보석을 버리지 못하며 하나님께서 내게 내려주신 일과 환경에 적응하지도 못한다.

하나님의 이 세상 다루는 방법에 대해서 내가 하나님을 용서할 수 있도록 도와달라고 하나님께 기도하고 간구할 때, 하나님께서는 결코 내게 화를 내거나 내게서 떠나가 버리시지 않는다.
나는 하나님께 내가 어떻게 느끼고 있는지를 말씀드릴 수 있으며(하나님께서는 이미 알고 계시지만) 바위처럼 단단한 나의 마음에 와 닿는 하나님의 사랑스런 치유의 손길을 받아들일 수 있다.
구약에서 말하는, 소위 '하나님께 불평'하는 행동을 할 때 조차도 하나님께서는 그것을 받아들이시고 치유해 주신다.

그러나 만일 내가 하나님을 용서해 드리고 싶지 않다고 하자. 하나님을 용서해 드림으로써 주어진 문제들로부터 해방되어 현실에 직면하는 것보다 차라리 내가 가지고 있는 문제들을 해결하지 않은 채 하나님을 원망하는 것이 더 편안할지도 모른다. 시댁 식구에 대해서 '용서하지 않는 마음'을 가지고 있었던 그 부인의 경우도 마찬가지였다.

만일 내가 나의 여러 가지 문제와 어려움에 대해서 하나님을 용서해 드렸다고 하면 나는 현실에 직면하는 많은 어려움을 겪었을는지도 모른다.

어린 나이에 어머니를 잃은 한 부인을 알고 있다. 그녀는 정당하게 분노하고 화를 내면서(그녀의 입장에서는) 하나님을 결코 용서하지 않고 있다.
외로움과 슬픔, 그리고 절망감에 사로잡혀 있는 한 어린아이에게 "하나님께서 너의 어머니를 데려 가셨단다. 이 어리고 가련한 아이들을 남겨둔 채 그 어머니를 데려 가시다니, 하나님도 무심하시지." 이렇게 이웃 사람들이 말하는 것을 어린아이가 들었다고 상상해 볼 때 어떤 어린아이가 그러한 하나님을 믿고 신뢰하겠는가?

기도, 용서, 사랑의 하나님 등의 말이 언급되면, 그 여인의 온 가족은 하나님에 대한 분노를 터뜨린다.
그들에게 위로와 사랑을 주시는 온화하고 인자하신 하나님을 보여 준 사람은 아무도 없었다. 그 결과 그들은 하나님과 하나님의 길을 결코 찾으려고 하지 않았다. 내게도 그러한 요소가 있었다.

다른 사람과 내 자신, 그리고 하나님을 용서하려고 마음먹었을 때 나는 내 무의식의 깊은 곳에 자리하고 있었던 '용서하지 않는 마음'의 빨간색 보석(날카로운 모서리를 가진)을 인식하고 깨닫기 시작하였다. 그 인식은 완전을 향한 첫 발걸음이었다.

우리의 가슴에 패인 자국을 볼 수 있게 되면 우리는 예수님께 그 부분을 채워서 치유해 주시기를 간구할 수 있다. 그리고 예수님께서 그 패인 부분을 채워서 치유해 주실 때 새로움의 역사가 일어나기 시작한다.

기도를 위한 성경 구절

태초에 말씀이 계시니라. 이 말씀이 하나님과 함께 계셨으니 이 말씀은 곧 하나님이시니라. 그가 태초에 하나님과 함께 계셨고 만물이 그로 말미암아 지은 바 되었으니 지은 것이 하나도 그가 없이는 된 것이 없느니라. 그 안에 생명이 있었으니 이 생명은 사람들의 빛이라. 빛이 어두움에 비취되 어두움이 깨닫지 못하더라 (요한복음 1:1-5).

여호와여 주의 긍휼하심과 인자하심이 영원부터 있었사오니 주여 이것을 기억하옵소서. 여호와여 내 소시의 죄와 허물을 기억지 마시고 주의 인자하심을 따라 나를 기억하시되 주의 선하심을 인하여 하옵소서 (시편 25:6-7).

용서의 기적

첫 번째 기적-하나님과의 관계 변화

나는 빨간색 인조 보석과 다이아몬드가 서로 다르다는 사실을 알게 되었다.

빨간색 인조 보석은 내 마음 속 깊은 곳에 무겁게 자리하고 있었지만, 다이아몬드는 맑고 성스러운 공기를 호흡하는 것과 같이 상쾌하고 가벼웠으며 밝은 빛을 내면서 전혀 내 마음속의 공간을 차지하지 않았다.

'용서하지 않는 마음'의 빵을 모두 예수님께 드렸을 때, 드디어 나의 삶에 새로운 자유(自由)가 생겨났다.

예수님께서도 "너는 진리를 알게 될 것이며 그 진리가 너를 자유롭게 하리라"고 말씀하시지 않았던가?

여수님께서는 또한 이렇게 말씀하셨다. "나는 길이요, 진리며 빛이라"

예수님은 진리이다. 내가 예수님을 알기 시작하자 예수님께서는 나를 자유롭게 하셨다.

자유는 긴 복도와 같다. 그 복도에 첫 발을 들여놓게 되면 우리는 탐사해야 할 많은 불켜진 방들을 알기 시작한다.

주님의 손으로부터 나온 첫 번째 기적은 하나님 아버지와 나와의 관계가 변화되는 전혀 예상 밖의 기적이었다.

나는 예수님을 내 개인적인 방법으로 만났었다. 그러나 우리의 창조주 하나님 아버지와는 결코 직접적으로 만나 본 적이 없다.

나는 하나님 아버지를 내 육신의 아버지와 혼동했으며 이 두 분에 대해서 각각 좋지 않은 많은 감정들을 가지고 있었다.

그러나 내가 예수님께 나의 그러한 감정들을 드리기 시작하자 그 감정들은 하나씩 하나씩 내게서 떠나가기 시작하였다.

아버지에 대한 용서

오랫동안 나는 내 육신의 아버지께 내가 용서해 주어야 할 것은 전혀 없다고 생각해 왔다.

아버지는 생명 있는 어떤 것에도 결코 해를 끼치지 아니하는 착하고 순진한 분이셨고 늘 점잖게 행동하셨으며 정이 많으셨다. 그런 아버지께 내가 용서해 주어야 할 것이 무엇이 있단 말인가?

오히려 내가 먼저 용서해 주어야 할 사람은 늘 강압적이고 고집불통이셨던 어머니였다. 그래서 나는 하나님의 도움을 받으면서 어머니를 용서해 드렸다.

나는 어머니 자신의 상처와 고통과 부족함을 이해하게 되었고 어머니께서 하신 행동에 대한 이유를 알게 되었다.

어머니께서 내게 주신 그 엄청난 상처들은 결코 의도적이 아니라는 사실을 알게 되었을 때 나는 기꺼이 어머니를 용서해 드릴 수 있었다.

그리고 어머니께서 내게 물려주신 선물, 즉 하나님께서 계획하신 대로 내 인생을 살아갈 수 있게 된 내 자신의 모든 것에 대해서 어머니께 감사를 드릴 수 있었다.

나의 이성이 어머니를 용서해 드렸으며, 우리 모두를 용서하시기 위해 돌아가신 예수님께서 그 용서를 내 가슴속에 심어 주셨다.

사랑의 용서를 받으신 어머니께서 내 눈앞에 새롭고 행복한 모습으로 서 계셨을 때 아버지만 외롭게 남으셨다.

나는 어머니를 보았던 것과 같은 방법으로 아버지를 보지 않았다. 나는 하나님께 지혜와 통찰력을 달라고 기도했다. 드디어, 이미 내가 언급한 것처럼, 아버지에 대해서도 내 무의식의 깊은 곳에 많은 원망들을 가지고 있다는 사실을 알게 되었다.

아버지께서는 세 살에 고아가 되셔서 하나밖에 없는 누나 밑에서 자랐다. 고모님께서는 늘 아버지를 "가엾은 월터야" 라고 불렀다.

여러 해 동안 그 이름에 익숙해진 아버지께서는 "가엾은 월터야"가 자기의 이름인 것으로 생각하게 되었다.

아버지께서는 그 이름에 걸맞는 성품을 형성하면서 그 이름을 무의식의 깊은 곳에 간직하며 성장하셨고, 80이 넘어 돌아가실 때까지 아버지의 가슴속에는 어린 고아 "가엾은 월터야"가 남아 있었다. 따라서 그런 아버지께서 절대 복종과 순종을 강요하셨던 강압적인 어머니로부터 나를 옹호하신다는 것은 불가능한 일이었다.

그러나 나는 나를 옹호해 줄 사람을 몹시 원하고 있었다. 그래서 내 마음 속 깊은 곳에, 어머니로부터 나를 옹호해 주지 못하는 아버지에 대한 심한 원망과 화와 분노를 가지고 있었다. 그러나 나는 내게 그러한 감정들이 존재하는지를 깨닫지 못하고 있었다.

이제 드디어 내 무의식의 깊은 곳에 자리잡고 있었던 아버지에 대한 화와 분노를 깨달을 수 있게 되었고, 주님의 도우심을 받으면서 아버지를 용서해 드릴 수 있었다. 그러나 아무런 변화도 발생하지 않았다.

내 무의식의 깊은 곳에는 아직도 심한 상처의 흔적이 남아 있었다. 나는 더 깊은 곳을 들여다보았다.

어린아이의 믿음

나는 하나님 아버지를 내 육신의 아버지와 같은 맥락에서 생각하였기에 나의 잠재의식 속에서는 하나님을 믿지 않고 있었다.

하나님은 겉으로는 한없이 사랑이 많으시지만 일단 다급한 일이 벌어지기라도 하면 나를 위해서 그 어떤 것도 해 주시지 않을 분이라고 생각하였다. 다시 말해서 내가 어려움에 처해 있을 때 하나님께서 나를 옹호해 줄 것이라고 는 결코 믿지 않았다.

그래서 나는 무력감과 절망감 속에서 대단히 강한 화와 분노를 가지고 있었다. 드디어 그 화와 분노를 알게 되었을 때 마치 그 화와 분노가 일으키는 돌풍에 의해서 내가 휩쓸려 가는 느낌에 젖어 들었다.

이러한 문제는 하나님께서 야기시킨 것이 아니었다. 내 무의식의 세계가 '용서하지 않는 마음'과 '화'로부터 받아들인 것이었다.

나는 기도하였다.

"주님, 제 마음속에 있는 이 빨간색 보석을 제거할 수 있도록 도와주소서. 그리하여 제 자신과 저의 아버지 그리고 하나님에 대해서 완전히 용서할 수 있도록 도와주소서. 성령님의 빛으로 용서하는 마음을 폭포수처럼 제게 부어 주소서."

나는 예수님께서 나의 간절한 기도에 응답하여 확실히 나를 도와주시리라 믿었다. 4복음서에서 알 수 있듯이, 사람들이 고통과 어려움 속에서 예수님을 부를 때 예수님께서는 즉시 오셔서 고통받는 사람들, 어려움 속에 있는 사람들을 완전히 치유해 주셨다.

똑같은 일이 내게도 발생하였다. 성스럽고 따뜻한 흐름이 내게 마치 폭포수처럼 부어졌으며 그 흐름이 끝났을 때 나는 목욕을 막 끝낸 어린아이와 같은 기분이었다.

어떤 도시의 재개발 사업 현장 책임자를 생각해 보자.
그는 오래 된 건축물을 무너뜨리고 그 곳에 새로운 건축물을 짓는 작업을 총 지휘하고 있다. 이 일을 하는 과정에서 일시적으로 거리가 온통 흙과 자갈로 가득 차게 될 것이라는 사실을 그는 알고 있다. 처음에는 오히려 모든 일이 더 혼란스러운 것처럼 보인다. 이 일을 계획하며 감독하는 그는 이 혼란의 현장 다음에 무엇이 만들어질 것인지 잘 알고 있지만 지나가는 행인들에게는 그저 혼란스럽게만 보일 뿐이다.

이 책임자가 주일날 오후 네 살난 아들과 함께 이곳을 거닌다고 생각해 보자. 휴일이라 현장에는 인부들조차 없어 조용하기만 하다. 그는 어린 아들의 손을 꼭 잡고 흙과 자갈이 어지럽게 흩어져 있는 부서진 건축물 주위를 지나면서 깊게 파진 웅덩이를 피해 간다.

아버지와 아들이 손을 잡고 걷는 이 길은 매우 불규칙적이고 험하며 곳곳에 위험마저 도사리고 있다.

그러나 아버지는 고사리 같은 아들의 손을 꼭 잡고 반대편 쪽에 도달할 때까지 착실하고 확신 있게 그 위험한 길을 걸어간다.

어린 아들의 눈에는 주위의 모든 것이 흥미롭기만 하며 두려움이 전혀 없다. 아들은 아버지에 대한 믿음에 가득차 있으며 아버지의 손을 꼭 잡고 그 길을 걷고 있다. 자기의 손을 잡고 있는 아버지에 대한 불신은 털끝만큼도 없다.

그는 눈에 와 닿는 주위의 여러 모습들에 정신이 팔린 나머지 아버지가 들려주는 설명 즉 그 일이 완성되었을 때 그곳이 얼마나 아름다운 곳이 될 것인가에 대한 설명에 제대로 귀 기울이지 않는다.

그러나 그의 머리 한 부분에서는 이 무질서하고 혼란스러운 모습이 어떻게 완성될 것인가에 대한 아버지의 설명을 추상적으로 받아들이고 있다.

하나님 아버지와 나의 관계에 있어서 완전한 용서를 간구하고 기도했을 때, 나는 갑자기 위의 이야기에 나오는 어린아이가 되었다.

나는 하나님 아버지의 손을 잡고 새로운 기쁨으로 두려움 없이 내 잠재의식 속의 혼돈스러운 현장을 움직일 수 있었다.

아버지께서 무엇인가 아름다운 모습을 만드는 과정으로서 이와 같은 무질서하고 혼돈스러운 현장을 만들었을 뿐이라는 사실을 인식하면서...

드디어 나는 예수님께서 왜 우리가 어린아이와 같이 되지 않으면 결코 하나님의 왕국에 들어갈 수 없다고 말씀하셨는지를 완전히 이해할 수 있었다.

예수님께서 그렇게 말씀하신 것은 "예수님께서 우리로 하여금 하나님의 왕국에 들어가지 못하도록 막을 것이다"라는 의미가 아니다. "하나님의 왕국은 우리 스스로가 노력해서 얻는 것이 아니고 우리가 어린아이처럼 확신에 찬 믿음으로 하나님의 손을 잡고 걸을 때 하나님께서 선물로서 주시는 것이다"라는 의미였다.

내가 하나님 아버지를 믿는 어린아이가 되었을 때 나는 드디어 하나님의 왕국을 향한 새로운 발걸음을 내딛게 되었다.

내가 남을 용서하면…

하나님의 손을 꼭 잡고 새로운 첫 발걸음을 내딛게 되었을 때 나는 마치 내 자신이 하나님 세계의 휴식장소를 마련하고 있는 것처럼 느껴졌다.

사람들이 나의 소파에 와서 앉기 시작했고 그들 자신의 삶에서 상처받은 부분들을 내게 이야기하기 시작했다.
나는 그 상처받은 부분들이 '용서하지 않는 마음'으로부터 시작된 것임을 즉시 알 수 있었다.

내 자신의 용서하는 과정이 끝나지 않았으므로 내가 다른 사람에게 용서를 이야기하는 것은 상당히 두려웠다.
내가 죽어 예수님을 직접 뵙게 되는 그때까지 용서의 과정은 끝나지 않을 것이라고 감히 말할 수 있다. 그러나, 항상 그러하셨던 것처럼, 주님께서는 내게 더 이상 선택의 여지를 주지 않으셨다.

한 젊은 아가씨가 나를 찾아 왔다. 아름다운 미모를 가진 그 아가씨는 옷도 예쁘게 차려 입었으며 자세 또한 단정하였다. 나는 그녀를 기쁜 마음으로 맞아들였다. 그녀는 자리에 앉자마자 숨돌릴 틈도 없이 이야기를 시작하였다.

"저는 한 훌륭한 남자를 사랑하고 있습니다. 그 사람 또한 저를 사랑하고 있으며 저를 자기 인생의 빛이라고 말합니다. 어제 저녁에는 결혼을 요청해 왔습니다. 우리는 서로 사랑하며 우리의 결혼에는 아무런 문제가 없습니다. 그러나…"

바로 그 순간 그녀는 울음을 터뜨리면서 어린아이처럼 나의 팔에 안겨 왔다. 그녀의 울음이 어느 정도 진정된 뒤 나는 말했다.

"내게는 행복한 결말로 끝을 맺는 재미있는 동화처럼 들리는데 아가씨는 기뻐하지 않고 오히려 슬퍼하는군요. 그 까닭이 무엇인가요?"

그녀는 잠시 동안 조용히 앉아 있었고 나는 그녀의 생각을 알 수 있도록 도와 달라고 하나님께 기도했다.
드디어 우리는 그 문제를 바깥으로 드러내어 이야기하기 시작하였다.

그녀의 아버지는 변덕스럽기 짝이 없는 예측 불가능한 사람이었다.
어떤 날은 만면에 웃음을 띠면서 아주 즐겁고 기분 좋은 모습, 말하자면 사랑과 포용력이 넘치는 훌륭한 아버지의 모습으로 퇴근하였다. 그러나 어떤 날은 분노에 가득찬 성난 모습으로 집에 돌아와 온 식구들을 초조하고 불안하게 만들었다. 아이들은 아버지가 퇴근하실 때 문 열리는 소리를 듣고 아버지의 그날 기분을 예측할 수 있게 되었다.

그러한 환경에서 어린 시절을 보낸 이 아가씨는 이제 아버지의 변덕스러운 행동에 지쳐 있었다. 그녀는 아버지 이외의 다른 남자와는 같은 집에서 생활을 해 본 적이 없었다. 따라서 그녀의 무의식 속에는 "남자들은 모두 다 아버지와 같은 사람들이다. 남자들은 모두 다 똑같다."라는 생각이 뿌리깊게 박혀 있었다. 그래서 아직 어리기만 한 그녀의 눈에 결혼은 걱정스럽고 불안한 일로 여겨졌다.

이 아가씨가 제일 먼저 해야 될 일은 아버지를 용서하는 것이었다. 그래서 우리는 그녀의 아버지를 용서해 드리기 위한 기도부터 시작하였다.

우리는 그녀의 무의식 속에 감추어져 있는 아버지에 대한 감정을 의식의 세계로 드러내어 이야기했다. 그리고 예수님의 사랑이 이 아가씨의 무의식의 세계에 함께 해 주기를 기도했다. 나는 그녀에게 이렇게 말했다.

"당신의 연인은 '아버지'와 똑같은 남자가 아닙니다. 모든 남자가 다 똑같은 것은 아닙니다".

드디어 이 아가씨는 그녀의 아버지와 '모든 남자들'을 용서할 수 있었다. 그러나 우리의 일이 끝난 것은 아니었다.

"이제 하나님 아버지께 기도를 해요."

나는 다시 기도를 시작하려고 했다. 무엇인가를 하실 수 있는 하나님 아버지를 내 자신이 새로이 인식하게 되었다는 사실에 대해 내 스스로 만족감을 느끼면서... 그러나 그녀가 겁에 질린 얼굴로 나의 기도를 정지시키면서 이렇게 말했다.

"무섭고 두려운 생각이 들어요. 저는 지금 이런 생각을 하고 있었어요. '아마 오늘 저녁은 그이의 기분이 무척 상해있는 상태인지도 몰라. 오늘 저녁은 그이에게 어떤 것도 요구하지 않는 것이 좋겠어.' 이러한 생각은 제가 아버지에게 무엇인가 부탁하거나 요구할 필요가 있을 때 늘 가지게 되었던 생각이었어요."

그녀는 조용히 앉아 있었다.

나는 성경을 펴서 들었다. 그리고 예측 가능한 하나님의 행동에 관련된 몇몇 성경 구절들을 함께 읽었다.
그녀의 가슴속에 가득한 '용서하지 않는 마음'들이 그녀의 눈을 가리고 있었기 때문에 그녀는 사랑의 진실을 볼 수 없었으며 그러한 성경 구절들도 발견할 수 없었다.

주님의 기도문에는 '우리가 우리에게 죄지은 자를 용서해 준 것처럼 우리의 죄를 용서하여 주시옵소서'라고 적혀 있다.
예수님께서 하신 그 말씀의 의미는 너무나 명백하다. 우리가 가지고 있는 모든 '용서하지 않는 마음'을 기꺼이 예수님께 드리기 전에는 우리의 가슴속에 예수님의 성스러운 사랑이 자리할 공간이 생겨나지 않는다.
이 단단한 빨간색 보석은 고체이며 또한 움직이지 않고 우리 가슴속의 공간을 크게 차지하기 때문이다.

이 아가씨는 가슴속에 예수님께서 심어 주신 새로운 사랑을 가득 채우고 가벼워진 발걸음으로 집에 돌아갔다. 그녀는 사랑하는 연인과 함께 다이아몬드 약혼반지를 즐겁고 기쁜 마음으로 교환했을 것이다.

여호와께 맡겨라

오늘도 살아 계시면서 나를 위해 역사 하시는 하나님 아버지를 몰랐던 나의 많은 부족함들을 생각하면서 나는 오랫동안 앉아 기도했다.

시편 37편 5절은 말한다.

"너의 길을 여호와께 맡겨라. 그리고 여호와를 믿어라. 그러면 여호와께서 이루시리라."

나는 각 단어의 억양을 바꾸어 가며 이 성경구절을 반복하여 읽었다.

"너의 길을 여호와께 맡겨라. 너의 길을 여호와께 맡겨라. 너의 길을 여호와께 맡겨라. 너의 길을 여호와께 맡겨라. 그리고 여호와를 믿어라. 그리고 여호와를 믿어라. 그리고 여호와를 믿어라. 그러면 여호와께서 이루시리라. 그러면 여호와께서 이루시리라. 그러면 여호와께서 이루시리라."

억양을 바꾸어 읽을 때마다 우리 모두를 향한 하나님 아버지의 새로운 진리를 깨달을 수 있었다.

갈릴리 호숫가의 어린 소년은 그가 가진 다섯 조각의 보리 빵과 두 마리의 생선, 즉 그의 점심을 모두 예수님께 바쳤다.

예수님께서는 빵과 생선을 각각 축복하시고 쪼개신 다음

군중들에게 나누어 주셨다.

어떤 성경 번역(주해: 영어 성경 번역을 가리킴)에서는 여인들과 어린아이는 포함시키지 않고 남자만 5,000명이라고 해석하고 있다.

다섯 조각의 빵으로 그 많은 사람들을 먹이고 남은 빵이 열 두 바구니가 되었다.

어린아이의 도시락으로 그 많은 군중들을 충분히 먹이고도 남길 수 있었다.

만일 어떤 사람이 기꺼이 자기의 몫을 주님께 바치기만 하면 주님께서는 모든 종류의 그 '어떤 일'을 분명히 하실 수 있다.

빵 부스러기까지도

어느 날 나는 혼자 이런 생각을 했다.

"만일 내 도시락 가방의 밑바닥에 조그만 빵 부스러기라도 있다면 나는 그것을 찾아내어 기꺼이 주님께 드릴 것이다."

그런데, 내 도시락 가방 밑바닥에는 정말로 빵 부스러기가 있었다. 주님께 드릴 두 번째 보리 빵인 나의 빨간색 보석, 즉 '용서하지 않는 마음'의 빵에서 떨어져 나온 빵 부스러기가 나의 도시락 밑바닥에 여전히 남아 있었음이 분명했다.

"주님, 제 가슴속에서 발견할 수 있는 마지막 빵 부스러기가 여기 있습니다. 저는 이 빵 부스러기를 대단히 싫어합니다."

나의 성격은 아버지를 많이 닮았다. 아버지께서 나를 어머니로부터 옹호해 주지 못하셨던 것처럼, 나도 내 자신과 다른 사람을 옹호해 주지 못한다.
나는 어떤 상황이든 평화로운 해결을 원하기 때문에 나의 힘과 능력을 보여 줘야 할 경우에도 쉽게 순종해 버리고 만다.

"그래요, 저를 밟고 지나가세요"라고 내 성격이 말하는 것처럼 느껴진다고 다른 사람들이 내게 이야기해 주었다. 물론 내 자신은 그것을 느끼지 못하고 있었다. 내 육신의 아버지로부터 배운 그러한 기질을 나는 결코 좋아하지 않았다.

"우리에게 죄 지은 자를 용서해 준다?"

그렇다. 마지막 빵 부스러기는 내가 내 자신, 바로 내 자신의 자아를 용서할 수 있도록 도와 달라고 주님께 간구하는 것이었다.

"네 이웃을 네 몸같이 사랑하라"고 예수님께서는 말씀하셨다. 나는 내 자신을 용서해야 하며 내 자아를 사랑해야 한다. 그래서 내 이웃을 용서하는 일을 끝내고, 더 나아가 그들을 사랑할 수 있어야 한다.

도시락 가방의 밑바닥에 남아 있던 그 작은 빵 부스러기도 그 자체의 기적을 가지고 있었다.

하나님께서는 내가 나의 자아를 경멸하는 것을 원하지 않으신다. 하나님께서는 내 육체의 섬세한 내장 부분을 창조하셨으며 내 어머니의 태에서 나를 만드셨기 때문에(시편 139:13) 나를 사랑하셨으며 지금도 사랑하신다. 하나님께서는 이대로의 내 자아를 원하신다.

내가 해야 될 일은 하나님께서 자신의 영광을 위해 창조한 '지금 이대로의 내 자아'를 완전히 용서한 다음 어떠한 기적이 발생하는지 기다리는 일이다. 하나님께서 어떠한 기적을 만드실지 나는 아직 모르기 때문이다.

50년 이상 내 자아를 싫어하면서 살아왔기 때문에 이제 그것은 하나의 습관이 되어 버렸다. 따라서 하나님의 성령께서 계속 함께 하실 경우에만 그 습관은 뿌리뽑혀질 수 있을 것이다.

내가 아버지를 닮았다는 사실에 대해서 내 자신을 용서한다? "좋습니다, 주님. 기꺼이 제 자신을 용서하겠습니다. '다음'은 무엇입니까?"

내가 '내 자아를 용서하지 않는 마음'을 예수님께 드렸음에도 불구하고 결코 많은 변화가 일어나지 않았다.

나는 오도가도 못하는 진퇴양난의 상태가 되었다. 진퇴양난의 상태라는 것이 얼마나 처참한 상태인가를 나는 잘 알고 있다.

내가 가진 또 하나의 빵 부스러기를 주님께 드리는 이 일을 완성시키기 위해서는 하나의 단계가 더 있음이 분명하였다.

　그것은 교회의 가장 오래된 전통이며 가장 중요한 성례의 하나인 성찬식의 가치를 새로이 깨닫는 것이었다.

　내가 속한 교회에서는 한 달에 한번씩만 성찬식을 가졌기 때문에 한참이 지나서야 나는 그 다음 단계가 무엇이어야 하는지를 깨달을 수 있었다.
　교회에서 성찬식을 했을 때 나는 말로 표현할 수 없이 큰 주님의 치유를 경험할 수 있었다. 내가 빵 조각을 떼어 실제 내 자신의 의지로써 그것을 삼켰을 때 나는 새로운 차원에서 나에 대한 예수님의 사랑을 인식하게 되었다.

　예수님의 그 사랑은 나로 하여금 내 자신의 죄와 더러움을 기꺼이 용서할 수 있도록 하였다. 어떻게 그것이 가능했는지 나는 알 수 없다. 성찬식의 신비가 바로 그것이었다. 그것은 정말 신비였다...

　우리가 무엇을 기도하느냐에 관계없이, 우리의 상처받은 가슴에 예수님께서 함께 해 주시기를 얼마나 열심히 기도하느냐에 관계없이, 우리가 성찬식 테이블에서 빵과 포도주를 나누어 먹기 전까지는 무엇인가 부족함을 느끼게 된다는 사실을 이제 나는 알고 있다.

　주님의 사랑의 손길을 바라는 우리의 갈망이 육체적 행동으로 옮겨지는 바로 그 순간, 무엇인가 새롭고 놀라운 일이 발생한다. 빵과 포도주를 우리의 몸 안으로 삼키는 순간, 우리의 가슴은 하나님을 영접하게 된다. 그 순간 하나님은 바로 우리의 가슴속에 계시며 우리의 상처를 치유하시고 우리를 변화시키시고 또 우리를 사랑하신다.

성찬식 테이블에서 '내 자신을 용서하지 않는 마음'을 예수님께 드렸을 때, 나는 예수님께서 그것을 기꺼이 받으시는 것을 느낄 수 있었다.

내 가슴 속 깊은 곳에서 변화가 일어나고 있었다. 나는 그 치유가 가져다 준 선물을 더욱 자유로이 누릴 수 있었다.

기도를 위한 성경구절

여호와여 주의 도를 내게 보이시고 주의 길을 내게 가르치소서. 주의 진리로 나를 지도하시고 교훈하소서. 주는 내 구원의 하나님이시니 내가 종일 주를 바라나이다 (시편 25:4-5).

서서 기도할 때에 아무에게나 혐의가 있거든 용서하라. 그리하여야 하늘에 겨신 너희 아버지도 너희 허물을 사하여 주시리라 (마가복음 11:25).

제 3 장

세 번째 빵 : 잘못된 개념

왕도시로 가는 지도

"차를 몰고 이곳 저곳을 헤매었어. 이제 완전히 길을 잃은 것 같아. 왕도시를 발견할 수 없을 것 같아."

작은 체구의 중년 부인은 몹시 지친 모습으로 이렇게 혼자 중얼거리며 조그만 도시의 주유소 문 앞에 서 있었다. 주유소 직원이 그 부인에게 의자를 권해 주자 부인은 가방을 땅바닥에 내려놓고 의자에 걸터앉으면서 말했다.

"나는 새마을에서 출발했어요. 먼저 행복골과 생산시로 갔지요. 그 다음 착한마을, 완전시, 활동마을, 즐거운 마을을 거쳐 건강마을로 갔습니다. 그러나 왕도시는 찾을 수 없었어요. 혹시 젊은이는 왕도시로 가는 길을 알고 있나요?"

주유소 직원은 고개를 끄덕이면서 말했다.

"예, 알고 있습니다. 그러나 지금 말씀하신 도시와 마을들은 왕도시로 가는 길목에 있지 않습니다. 부인께서는 다른 방향의 고속도로를 타셔야 합니다. 이 지도를 보십시오. 그곳으로 가는 길은...."

중년 부인은 주유소 직원의 말을 중단시키고 그의 지도를 밀쳐 버리면서 말했다.

"아니에요, 젊은이의 그 지도는 틀렸어요. 내가 가진 이 지도가 맞아요. 이 지도는 우리 부모님으로부터 물려받은 지도예요. 우리 조상 대대로 내려온, 가보와 같은 지도예요. 이 지도가 왕도시로 가는 길을 틀리게 그려 놓았을 리가 없어요."

주유소 종업원은 화가 났다.

"그러나 부인, 왕도시로 가는 길은 부인의 지도에 표시되어 있는 길과는 전혀 다릅니다. 왕도시로 가는 길이 통과하는 도시와 마을은 은혜시, 시련마을,…"

중년 부인이 종업원의 말을 다시 가로챘다.

"절대 아니에요. 왕도시로 가기 위해서 시련마을을 통과해야 할 필요는 없어요. 원하지 않는 이상, 어느 누구도 시련마을을 통과해야 될 필요가 없다고 나는 배웠어요. 나는 시련마을을 절대 통과하지 않을 거예요. 절대로.…"

주유소 종업원은 중년 부인과의 이 결론 없는 논쟁에 지쳐버렸다. 그는 어이없다는 듯이 고개를 저으며 말했다.

"좋습니다. 어느 길로 가시든지 저와는 관계없는 일입니다. 그러나 제가 말씀드리고 싶은 것은, 만일 부인께서 왕도시에 가기를 원하신다면 왕도시 방향으로 가는 길로 가셔야 한다는 사실입니다. 부인께서는 그 지도를 조상 대대로 물려 받으셨다고 말씀하셨습니다. 그 사실을 부인하고 싶지는 않습니다. 그러나, 그 지도에 표시된 길은 부인께서 가시는 목적지인 왕도시로 가는 길이 결코 아니라는 사실을 아셔야 합니다."

중년 부인은 바닥에 내려놓았던 가방을 챙겨 들고 주유소 문을 꽝 닫고 나와 버렸다. 그리고는 화난 목소리로 중얼거렸다.

"누가 뭐라고 하든 나는 흔들리지 않을 거야. 나는 결코 시련마을을 통과해서 가지 않을 거야. 그 어리석은 주유소 직원의 지도도 사용하지 않을 거야!"

주유소 직원은 중년 부인이 차를 몰고 사라지는 뒷모습을 물끄러미 바라보고 있었다. 그는 당혹스러운 듯 머리를 긁적거렸다.

"저 부인 큰 일 났군! 어떤 목적지에 가기를 원한다면 그곳 방향의 길로 가야 된다는 것은 당연한 이치일 텐데. 가끔씩 목적지로 가는 길과는 전혀 다른 엉뚱한 방향으로 길을 가는 사람들이 있단 말이야..."

그 도시와 마을들은 무엇을 의미하는가? 그 이름들의 의미가 내 마음 속 깊숙한 곳에 민감하게 와 닿고 있었다.

"나 역시 잘못된 엉뚱한 방향의 길을 통해서 왕도시를 발견하려고 시도하지는 않았었는가?"

그리하여, 나는 아주 우연히 세 번째의 보리 빵을 발견하게 되었다.

세 번째 보리 빵의 발견

내 친구 중의 한 사람이 내게 찾아와 함께 기도하기를 요청했다. 함께 기도하던 중 갑자기 그녀는 눈물을 글썽이면서 달했다.

"나는 항상 아주 불행해."
그녀는 얼굴을 손으로 가리면서 엉엉 소리내어 울었다.

"네가 불행해야 될 이유가 없어. 너는 불행하지 않아도 돼. 네가 불행할 것이라고, 네가 불행해야만 된다고 생각하는 이유가 뭐야?"

나는 미처 생각할 겨를도 없이 이렇게 묻고 말았다. 우리는 놀라서 서로 쳐다보았다.
분명히, 예수님께서는 우리가 불행해야 된다고 말씀하지 않으셨다. 바울도 그렇게 이야기하지 않았다. 구약의 어디에도 우리가 불행해야 된다는 기록은 없다.
우리 헌법에는 우리 모두가 행복을 추구할 권리가 있다고 언급되어 있지만 그 행복을 어떻게 추구하고 찾아야 하는지는 한 마디도 설명하지 않고 있다.

내 친구는 눈물을 닦아 내었다. 그리고 우리는 왜 우리가 그토록 행복해지는 것에 열중해 있는지를 함께 찾기 시작했다. 드디어, 우리는 세 번째 보리 빵, 즉 '잘못된 개념(misconception)'을 찾아내었다.

중년 부인의 지도에 표시된 도시와 마을들은 그녀의 목적지인 왕도시로 가는 길목에 있지 않았다.

행복골

행복골은 중년 부인의 지도에 맨 먼저 나타나 있는 마을이다. 이름만 들어도 마음이 유쾌해지는 행복골에 무슨 문제가 있단 말인가? 나는 새로운 관찰력으로 나의 세 번째 보리 빵의 성분들을 살펴보기 시작하였다.

대부분의 부모들은 그들의 자식이 행복해지기를 바란다. 나의 부모도 예외는 아니었다. 돌이켜 보면, 나를 행복하게 하려는 우리 부모님들의 열정은 절대적인 것이었다. 그래서 나는 반드시 행복해야만 했다.
그러나 행복을 쏟아 부을 수 있는 행복 꼭지를 발견하지 못했기 때문에 내가 할 수 있는 유일한 방법은 행복한 '체' 하는 것이었다. 그러나 그것도 어려웠다. 내 친구의 경우와 마찬가지로, 나 역시 행복을 거의 느끼지 못했기 때문이었다.

결국, '행복한 모습'을 성공적으로 나타내는 유일한 방법은 내 자신을 속이면서 내가 정말로 행복한 사람이라고 믿어버리는 것이었다.
나는 '체'하는 것에 능숙했다. 내가 기대하고 바랐던 나를 '체'하면서 가장하기 시작했다.

나는 목장주의 행복한 아내이며, 어머니이며, 가정 주부이며, 주일 성경학교의 교사이며, 요리사이기도 하며, 유년단원의 여성 지도자이며, 소녀단원의 후견인이며, 재봉사이며, 피아노 연주가이며, 좋은 이웃이다. 나는 있는 힘을 다해서 '체'했다. 그러나 몇 년 후 나는 내 목적지로 가는 길목에 있지 않다는 사실을 알게 되었다.

"주 예수님, 제가 저의 부모님으로부터, 할아버지와 할머니로부터, 선생님으로부터 물려받고 전해 받은, 그리고 제 스스로 만든, 잘못된 이 모든 지도들을 발견하여 당신께 드릴 수 있도록 도와주소서."

드디어, 나는 나의 '체'하는 것들이 나로 하여금 사람들로부터 멀어지게 할 뿐만 아니라 하나님으로부터도 멀어지게 한다는 사실을 깨닫게 되었다.
단일 어떤 사람이 나와 아주 친하게 사귀게 된다면 그는 나의 '체'하는 것을 알게 될 것이다. 그리고 어쩌면 내가 가장을 벗어버리도록 나를 도울지도 모른다.

감정은 우리들의 실질적이고 순수한 한 부분이다. 푸른 눈이나 갈색 눈을 가진 것이 죄가 아닌 것과 마찬가지로, 불행 그 자체는 죄가 아니다. 불행은 우리가 존재한다는 사실의 한 부분에 불과하다. 물론, 나의 불행을 어떻게 처리할 것이냐 하는 것은 나의 자유로운 선택에 달려있다.

불행하다는 사실 때문에 나는 살인을 하거나 도둑질을 하거나 폭력을 행사할 수도 있으며 또 내 불행의 근원지에 대항해서 싸울 수도 있다. 이렇게 자유로운 선택을 통해서 죄를 짓게 될 가능성은 많이 있다.

그러나 불행으로부터 벗어나기 위해서, 즉 '행복을 추구하기 위해' 시간과 정력을 소모해 가면서 죄를 짓거나 잘못된 길에 머무르고 싶은 마음은 나에게 없다. 오히려 나는 이 불행을 통해서 나의 주님을 더 많이 알고 더 많이 사랑할 수 있기를 원한다.

나는 주 예수님께 바칠 나의 선물이 될 '행복과 불행'에 대해서 더욱 상세히 살펴보기 시작했다. 그리고 대단히 중요한 사실을 터득하게 되었다.

행복골의 가장 좋지 않은 점은, 이 마을이 '마을 그 자체의 상태(狀態)'에 대해서 지나치게 몰두해 있다는 사실이었다.

만일 어떤 사람이 자기 자신의 행복도(幸福度)를 계속 바쁘게 측정하고 있다고 하자. 그는 하나님, 예수님, 성령님, 그리고 이웃에 관심을 돌릴 수 있는 여유를 가질 수 없을 것이다. 그는 오직 자기 자신에게만 즉 자기 자신의 행복에만 관심을 가질 수 있을 뿐이다.

나는 '항상 행복해야만 한다'는 잘못된 개념을 즉시 버려야 했다. 그러나 그 개념은 우리가 생각하는 것처럼 빨리, 그리고 쉽게 버려지지 않았다. 거의 매일 나는 '불행'과, 원했던 내 자신이 되지 못한데 대한 '죄의식'을 함께 다발로 묶어 주 예수님께 드려야만 했다.

'화'와 '용서하지 않는 마음'의 경우처럼, 예수님께서는 천천히 그리고 조심스럽게 나를 변화시키셨다. 그리고 주님께서는 내게 이렇게 말씀하시는 것 같았다.

"너는 이제 너 자신의 행복도를 계속 측정하며 생각하는 대신, 어떤 상황에서도 나의 사절(使節)이 될 수 있다."

생산시

드디어 나는 행복골을 미련 없이 떠날 수 있었다. 그리고 잘못된 방향의 길을 거꾸로 내려가 다음 도시로 향했다. 그 도시의 이름은 생산시였다. 정말 좋은 이름이었다.

우리 가족은 모두 성취 의식이 강했다. 그리하여 우리 가족은 "행함이 없는 믿음은 죽은 믿음"이라는 성경 말씀을 곧잘 인용했다.
우리 가족이 이해했던 이 말씀의 내용은 '하나님의 말씀을 듣기만 하고 그 말씀대로 행하지 아니하는 믿음은 잘못된 믿음'이라는 본래의 뜻보다는 '우리가 믿으면서 열심히 노력하면 어떤 현실적인 어려움도 극복할 수 있다'는 뜻이었다.

내가 학교에서 받아온 성적에 대해서 우리 가족이 내게 가장 많이 사용했던 말은 "아주 잘했다. 그러나 다음 번에는 더욱 더 잘할 것으로 믿는다"는 것이었다. 나는 시험에서 좋은 점수를 받아야 했고 우수한 성적표를 집으로 가져와야 했으며 음악이나 미술 대회에서는 반드시 입선이 되어야 했다. 이제는 그런 압력을 받는 것이 나의 제 2의 천성이 되어 버렸다.

내가 '어떤 일을 훌륭히 해내지' 않을 때마다 내 잠재의식 속에서는 막연한 죄의식이 느껴졌다. 나는 '행복한' 사람이어야 할뿐만 아니라 '성공적인' 사람이어야 하는, 소위 '직행열차 인생'이 되어야 했다.

그러나, 나의 노력으로 얻은 어떠한 성공도 내 가슴속의 허전하고 텅빈 공간을 결코 채울 수 없었다. 내 가슴 속 어느 한 구석에서는 나의 삶이 결코 행복하지도, 성공적이지도 않음을 느끼고 있었다.

갈릴리 호숫가의 작은 소년이 보리 빵을 예수님께 드리기 위해서는, 그 당시의 도시락 가방이 어떠한 형태였는지는 모르겠지만, 자기의 도시락 가방으로부터 그 빵을 끄집어 내야만 했을 것이다. 마찬가지로, 만일 내가 나의 이 보잘 것 없는 세 번째 빵의 한 부분으로 주님께서 기적을 일으켜 주시기를 원한다면, 먼저 그것을 감추어진 곳으로부터 끄집어내야 한다.

성공 지향적이었던 나의 삶을 더욱 조심스럽게 살펴보았을 때, '성공'과 '행복'은 그 기본 특성이 똑같다는 사실을 알 수 있었다.
행복과 마찬가지로, 성공 역시 자기 중심적이며 이기적이었다.
만일 내가 성공해야 한다면 나의 관심과 시간과 정력은 모두 내 자신의 성공을 향해서 집중되어야 한다. 그렇기에 예수님의 영광을 위하고 예수님을 사랑하고 예수님을 섬길 어떤 여유나 공간도 없는 것이다. 내 자신의 영광이 그 길목을 가득 자리잡고 있기 때문이다.

"오, 주님, 오늘의 이 빵 성분은 대단히 좋지 않은 것 같습니다. 지난번에 드린 행복빵과 함께 이 빵도 받으셔서 둘을 같이 섞어 기적을 일으키시지 않겠습니까?"

착한 마을

중년 부인의 지도상에 있는 그 다음 마을은 착한 마을이었다. 이름만 들어도 나는 수치심을 느낀다.

나는 '착해지기' 위해서 많은 노력을 했다. 그러나, 어머니의 강압에 대해서 내 무의식의 깊은 곳에 간직하고 있었던 화를 예수님께 드린 후 그 화가 내 시야에서 사라지게 되었을 때 나는 새로운 사실을 알게 되었다.

그것은 지금까지 내가 착한 행동만을 계속해 온 것이 아니라 사실은 내 무의식의 깊은 곳에 뿌리를 두고 있는, 매우 반항적인 다른 행동을 해 왔다는 사실이었다.

힘있고 권한 있는 사람으로부터 칭찬과 찬사를 얻어내는 가장 효과적인 방법은 '아주 착해지는 것'이라고 나는 생각했다.

예수님 시대의 율법학자들과 바리새인들이 했던 행동처럼, 나는 마음에 드는 작은 소녀라는 동정심을 얻기 위하여 아주 신중하게 모든 원칙과 규율을 따랐다.

"만일 내가 그렇게 하지 않을 경우 내 자신이 무사하지 않을 것이다" 라는 두려움이 나를 압도하고 있었기 때문이다.

나는 부모님을 사랑했으며 또한 부모님을 기쁘게 해 드리고 싶었다. 따라서 나는 내가 원했던 대로 행동하지 않고 원칙과 규율을 따랐다.

이 보리 빵 성분들은 아주 쓴 맛을 가지고 있었다. 내가 '착했던' 진정한 이유를 솔직하게 돌이켜 보면 나는 양심의 가책을 받아 무릎을 꿇어야만 했다.

성경에 나오는 '착한' 인물들을 살펴보았을 때 그들에게는 '성스러운 사랑'이 함께 하고 있음을 알 수 있었다.

예수님께서는 위선자들을 향하여 말씀하셨다. "너희 위선자들아, 너희는 율법을 따르나 여호와가 너희 가운데 임재해 있을 때 그 사랑을 알지 못하는도다."

우리는 율법을 만드신 분이 오실 때까지는 그 율법을 따르고 율법을 만드신 분이 오신 후에는 그 분을 따라야 한다.

나는 일생동안 착한 마을에서 살아왔기 때문에 그 착한 마을로부터 나와서 예수님을 따른다는 것이 어려웠다. 그러나 나는 그렇게 하기로 결심하였다.

착한 마을의 '자기 영광 분위기'로부터 벗어나기 위한 나의 노력을 내 친구가 도와주었다. 우리는 하나님의 사랑에 관한 모든 정보를 얻기 위해 성경을 자세히 읽기 시작했다.

하나님의 사랑은 항상 창조적(創造的)이다. 하나님의 사랑은 우리가 성장(成長)하기를 원한다. 하나님의 사랑은 우리를 성장하도록 돕는다. 우리가 하나님의 형상을 따라 성장하여 드디어 마지막에는 하나님을 직접 만나게 된다고 사도 바울은 설명하고 있다.

'착한' 습관으로부터 벗어나기 위해서는 우리 성장의 목표인 하나님의 형상에만 전적으로 초점을 맞출 필요가 있다. 그러면 '착함' 그 자체를 위해서 '착해지는' 것이 더 이상 우리의 목표가 될 수 없을 것이다.

완전시

지도에 나타난 그 다음 도시는 완전시였다.

"만일 해야 할 가치가 있는 일이라면 우리는 그 일을 완전무결(完全無缺)하게 처리해야 한다"는 말은 어머니께서 거느리는 우리 가족의 표어였다.

어머니는 학교에서도 대단히 우수한 선생님이셨다. 그러한 어머니는 내가 시도하는 모든 일이 완전하게 될 때까지 되풀이하기를 요구하셨다. 어머니께서는 나에게 모든 관심과 시간을 쏟으시며 무엇이든 정확하고 완전무결하게 하기를 요구하셨다. 그리하여 모든 일에서 완전무결해야 된다고 하는 사고 방식은 내게 차츰 차츰 뿌리를 내려갔다.

이제 나는 일을 성실하고 철저하게 처리해 나가는 것에 익숙해 있다. 그러나 모든 것을 완전하고 철저하게 처리하는 것에 우리의 관심이 집중되어 있으면 아버지 하나님, 예수님, 그리고 성령님에게 우리의 관심과 마음을 집중시킬 수 없게 된다는 것은 명백하다.

이 모든 도시와 마을들이 왕도시로 가는 길과 연결되지 못하는 이유는 이들 도시의 길들이 모두 완전한 원을 그리면서 다시 제자리로 돌아오기 때문이라고 나는 생각했다. 그렇기 때문에 완전한 원을 그리지 않고 그 원에서 벗어나야 할 필요가 있다고 생각했다.

예수님께서도 "네가 어찌하여 나를 선하다 일컫느냐? 하나님 한 분 외에는 선한 이가 없느니라"(마가복음 10:18)고 말씀하셨다.
하나님의 착하심을 계속 바라보게 되면 '나는 착해야 되고 행복해야 되고 완전해야 된다'는 생각으로부터 해방될 수 있을 것이다.

활동마을

그 다음은 활동마을이었다. 이 마을은 대단히 튼튼한 수비력을 갖춘 마을이어서 그 곳으로부터 빠져 나오기는 무척 힘들었다.
나의 세 번째 보리 빵은 온갖 종류의 성분을 포함하고 있있는데 활동마을도 그 여러 성분 중의 하나였다.

　나의 가족이나 내 남편의 가족 중에는 조상 대대로 게으른 성격을 가진 사람이 한 사람도 없었다.
　이른 봄날 따스한 햇볕을 쪼이면서 잠시 누워 있기라도 하면 나는 곧장 죄의식에 사로잡히고 말았다. 집안 청소를 하는 대신 잠시라도 낮잠을 자게 되면 나는 견디기 어려운 자책감에 빠졌다. 나는 쉬지 않고 계속 일해야 된다는 강박관념을 가지고 있었다.

　물론 바울은 일하지 않는 사람은 먹지도 말라고 했다. 그러나 만일 내가 일을 해야 된다고 느꼈던 것만큼 그리고 일을 한 것만큼 먹었다면 내 몸집은 코끼리보다도 더 커졌을 것이다. 내 무의식 속의 어디에서인가 균형을 강력히 요구하고 있었다.

　세 번째 빵의 다른 모든 성분들과 마찬가지로, 이 성분 역시 관심의 초점은 나 자신이었다.
　나 자신이 칭찬 받을 수 있었고, 높이 평가될 수 있었기 때문에 일을 했다. 내가 주님을 사랑했기 때문에 일을 했던 것은 결코 아니며, 주님의 세상을 더 살기 좋은 곳으로 만들기 위한 목적으로 일을 한 것도 또한 아니다.

　일에 몰두하려고 하는 충동을 나는 결코 벗어버리지 못했다.
　세 번째 빵의 다른 성분들과 함께 '일에 대한 나의 집념'을 예수님께 드렸음에도 불구하고 나는 일하는 것을 멈추지 못했다.

일에 대한 나의 충동을 결코 누그러뜨리지 못했으며 주님께서 그날그날 내게 주시는 일에만 내 노력을 한정시키지도 못했다.

그러나, 이 빵에 들어있는 조미료 찌꺼기까지 모두 주님께 바쳤을 때, 주님께서는 나의 그 하찮은 선물까지도 모두 받으셔서 나를 천천히 그리고 분명히 변화시켰다.

드디어 나는 더 이상 일에 대한 집념과 충동에 묶여 있지 않고 자유의 몸으로 활동마을을 떠나 다음 마을인 즐거운 마을을 향해 갈 수 있게 되었다.

즐거운 마을

우리는 '즐거운 마을'을 아름다운 휴식의 장소로만 생각하고 있다. 그러나 나의 이 즐거운 마을은 거짓과 허위의 장소임이 밝혀졌다.

모든 사람이 계속 즐거운 마음을 가질 수 있는 분위기를 만드는 것이 전적으로 내게 달려 있다고 믿었던 나의 생각은 하나님께서 말씀하시는 '사랑'의 의미와는 전혀 일치하지 않았다.

예수님께서도 자기를 따르는 자들의 일생에 고통과 어려움이 없을 것이라고는 말씀하지 않으셨다. 예수님께서 약속하신 마음 깊은 곳의 '평화(平和)'는 내가 그렇게 유지하려고 애썼던 표면적인 '즐거움'과는 거리가 멀었다.

나는 천성적으로 용기가 없는 사람이며 자라면서 더욱 더 용기가 없어졌다. 나는 어떤 종류의 분쟁에도 참여하거나 휘말려 드는 것을 원하지 않으며, 또 그러한 분쟁에 견뎌 내지를 못한다. "어떤 희생을 치르더라도 화평(和平)을..." 이라는 말은 언제나 나의 생활 표어였다.

그러나 예수님을 따르기 위해서는 그러한 표어를 버려야만 했다. 그리고 즐거운 마을로부터 빠져 나와 심한 불화와 갈등, 투쟁, 원한, 때로는 육체적 폭력 등이 가득한 이 세상의 실제 모습을 발견해야 했다.

내가 일생 동안 갈망했던 즐거운 환경은 가공의 세계 이외에는 실제로 존재하지 않았다.

다른 성분들과 마찬가지로, 세 번째 빵의 이 '즐거움'의 성분을 주님께 바치는 것 역시 매우 힘들었다.

우리의 할아버지와 할머니, 그리고 아버지와 어머니로부터 물려받은 지도와 그 지도에 나타나 있는 각 지점들은 우리에게 대단히 중요한 것처럼 느껴졌다. 사실은 잘못 그려진 지도임에도 불구하고.

성장은 하나님 왕국의 한 부분이다. 하나님께서는 우리가 하나님 자신을 닮으면서 성장해야 될 필요가 있다는 사실을 분명히 말씀하셨다. 하나님의 손을 잡고 함께 걸어갈 때 내 자신의 성장은 자동적으로 이루어질 수 있었다.

예수님께서는 "완전하라."고 말씀하셨다. 하나님과 동행하면 나는 완전해질 수 있으며, 그 완전은 우리의 목표이다. 우리가 이 세상을 떠날 때까지 완전함을 이룰 수 없다 하더라도 일생 동안 완전을 향해서 나아가야 한다.

만일 내가 '평온하고 즐거운 분위기'를 유지하기 위해서 나의 시간과 정력을 사용하게 되면 성장을 위한 투쟁, 발전을 위한 실제적인 대결은 회피할 것이다.
아직도 나는 악에 대항하는 진리의 삐걱거림이 없는, 그저 평화로운 분위기를 좋아한다.

"주 예수님, 제가 가진 세 번째 빵의 이 성분도 받으셔서 당신의 뜻대로 처리하시옵소서."

건강마을

마지막으로 나는 건강마을로 향했다.

도대체 건강마을에 무슨 문제가 있을 수 있단 말인가? 누구든지 건강하기를 바란다. 만일 우리가 건강하지 못할 경우, 그것은 성스럽고 거룩한 생활을 하지 않아서 하나님으로부터 복을 받지 못한 증거라고 생각한다.
분명히 예수님께서는 병과 고통을 안고 자기에게 오는 모든 사람을 치료해 주셨다.

세 번째 보리 빵의 이 마지막 성분을 골라내는 데에는 상당한 시간이 걸렸다. 물론, 하나님 아버지께서는 우리가 항상 건강을 유지할 수 있도록 우리를 만드셨다. 그러나 하나님께서는 우리의 건강 능력을 타락시킬 수 있는 죄도 만드셔서 이 세상에 존재하도록 하셨다.

만일 우리가 선(善)과 악(惡) 중에서 선택을 해야 한다면, 악도 선택 가능한 한 요소로서 우리 앞에 제시되었음이 틀림없다. 건강함에 반대되는 많은 요소들, 즉 추함, 탐욕, 과식, 우상 숭배 등 예를 들 수 없을 만큼 많은 요소들이 우리 주위에 계속 존재하고 있다.

모르톤 켈시(Morton Kelsey)는 우리 주위의 이러한 요소들을 '영적 감염(靈的 感染;psychic infection)'이라 불렀는데 우리 중의 어느 누구도 이러한 영적 감염에 대해서 완전 면역일 수는 없다. 다른 여러 병들의 경우와 마찬가지로, 어떠한 이유로 인해서 우리의 방어 능력이 감소되면 우리는 그러한 영적 감염의 주요 후보 대상에 오르게 된다.

내 육체가 주위의 이러한 악의 요소에 감염되어 건강하지 못한 데 대해서 내 자신을 비난하는 것은, 세 번째 빵의 다른 성분들과 마찬가지로 내 자신에게 관심을 집중시키는 또 다른 한 방법이다.

실제로 우리는 육체(肉體;body)와 정신(精神;soul)과 영(靈;spirit)으로 구성되어 있기 때문에 우리가 가지게 되는 '병'은 이들 셋 중의 하나로부터 발생할 수 있다. 만일 영적 생활이 내 생활의 중심이 되지 않으면, 즉 주님과 주님의 사랑이 아닌 다른 곳에 내 눈이 집중되어 있으면 나의 영적인 영역이 건강하지 못하고 병들게 될 것이다.

또한 내 죄를 씻고 나를 완전하게 하기 위해서 돌아가신 예수님을 기억하지 못하고 육체적 관능에 내 눈이 집중되어 있을 경우에도 나의 생활은 건강하지 못할 것이다.
나의 정서적인 생활이 뒤틀려 있는 경우에도 주님의 빛 속에 머물지 못하는 나의 정서로 인해 건강을 잃게 될 것이다.

우리가 병이 들어 아플 때에 그 병으로부터 벗어나기 위해서 여러 가지 방법을 사용하듯이 어떤 종류의 행동이 우리들에게 육체적, 정서적으로 도움이 된다면 그 행동을 계속 유지하라고 정신과 의사들은 말한다.

예수님께서 연못가에 있었던 사람에게 치유 받기를 원하느냐고 물었지만 그는 대답하지 않았다. 아마도 그는 자기 자신을 몰랐던 것 같다. 만약 그가 치유된다면, 그는 새롭지만 아마도 대단히 어려운 인생살이에 적응해야만 했을런지도 모른다. 그럼에도 불구하고 예수님께서는 그를 치유하셨다. 그리고 예수님께서는 당황한 그 사람에게 그의 생활 방식을 변화시킬 수 있는 은혜와 능력을 주셨을 것이라고 나는 믿는다.

가끔씩 나는 내 자신이 그러한 입장에 있는 경우를 발견한다. 즉 건강함이 내가 갈망했던 것인지를 전적으로 확신하지 못한다.

나는 건강하지 못할 때 죄의식을 느끼며 괴로워한다. 사실 '건강'이라는 용어는 불가사의한 용어이다. 왜냐하면, 나의 건강에 내 생활의 초점을 맞출 것인가, 아니면 주 예수님을 향한 나의 성장에 초점을 맞출 것인가를 결정해야 하기 때문이다.

예수님께서는 우리의 몸을 '성령님의 성전'으로 기억하라고 말씀하셨지 결코 멸시하라고 말씀하지 않으셨다. 그러나 예수님께서는 그 성전에 함께 하시는 하나님보다 성전 자체를 더욱 숭배하라는 말씀은 결코 하지 않으셨다.

세 번째 빵의 다른 성분의 경우에서와 마찬가지로, 나는 잘못된 지도에서 눈을 떼고 주 예수님께로 나의 눈을 향해야만 했다.

"먼저 하나님의 왕국을 찾으라."고 말씀하셨을 때 예수님께서는 우리의 모든 태도를 판단하는 기준을 주셨다.
만일 우리를 예수님으로부터 멀어지게 하고 대신 다른 어딘 가로 관심을 돌리게 한다면, 그러한 태도는 우리를 왕도시로 인도하지 못한다는 것을 알아야 한다.

나는 이제 세 번째 빵의 성분들을 분명히 알 수 있으며 그 어떤 성분도 결코 좋아할 수 없게 되었다.

"주님, 이 빵을 받으셔서 기적을 일으켜 주시옵소서!"

기도를 위한 성경구절

우리가 알거니와 하나님을 사랑하는 자 곧 그 뜻대로 부르심을 입은 자들에게는 모든 것이 협력하여 선을 이루느니라. 하나님이 미리 아신 자들로 또한 그 아들의 형상을 본받게 하기 위하여 미리 정하셨으니 이는 그로 많은 형제 중에서 맏아들이 되게 하려 하심이니라 (로마서 8:28-29).

하나님께서는 하나님을 사랑하는 자, 하나님의 목적에 따라 부르심을 받은 자들에게 이롭도록 모든 일에서 역사 하심을 우리는 알고 있노라. 하나님께서는 자기에게 오는 자(하나님께서는 누가 올 것인지 이미 아셨다.)가 그 아들 예수를 본받도록 미리 정하셔서 예수가 많은 형제 중에서 맏아들이 되게 하셨기 때문이로다 (New International Version: 로마서 8:28-29).

은혜의 기적

은혜시

　주유소 종업원이 중년 부인에게 보여 준 지도에는 은혜시와 시련마을이 표시되어 있었다.

　만일 이 은혜시와 시련마을이 왕도시로 통하는 길목에 있다면 이들 지역에 대해서 살펴보아야 할 필요가 있다.

　예수님께서 기적을 만드실 수 있도록, 나는 나의 잘못된 옛날 지도를 기꺼이 그리고 내가 할 수 있는 데까지 완전히 예수님께 바쳤다. 비록 내 마음 한 구석에는 아직도 옛날 지도의 도시와 마을들에 대한 향수가 남아 있기는 하지만, 더 이상 그들 도시와 마을에 내 마음이 묶여 있지 않았다.

　우리가 아무리 노력을 한다 하더라도 습관을 일시에 포기한다는 것은 대단히 힘든 일이다. 아마도 예수님께 자기의 점심 도시락을 바친 그 어린 소년은 예수님께서 기적을 일으키시고 드디어 그 음식을 자신이 전달받기 전까지는 상당히 배가 고팠을 것이다.

　내가 은혜시를 살펴보기 시작하자마자 내 자신에게 기적이 발생하기 시작했다. 그 기적은 잘못된 오랜 습관에 붙잡혀 있었던 다른 사람들에게도 함께 발생했다.

우리는 거짓으로부터 진실을 하나하나 가려내기 시작했다.
그리고 모두 새롭고 포근한 개인적인 예수님과의 관계를 경
험할 수 있었다.

거짓으로부터 진실을 더 많이 가려낼수록 그리고 우리들
의 실제 자아를 더 많이 이해할수록 우리는 더욱 자유롭게
예수님을 알 수 있었으며 또 사랑할 수 있었다.
예수님을 개인적으로 더 많이 알고 사랑하게 될수록 우리
는 하나님, 예수님, 그리고 성령님의 존엄함과 성스러움에
놀라움을 금할 수 없었다.
이 세상의 창조주이시며 사랑의 빛의 전부이신 하나님 아
버지는 우리를 더욱 놀라게 하셨으며 우리는 성령님을 더
직접적으로 경험할 수 있게 되었다.
세상 모든 만물을 창조하신 그 사랑과 함께, 온 인류에게
거저 주시는 하나님 사랑의 선물인 은혜는 더 현실적이 되
었으며 단순한 지적(知的)인 개념에 머물지 않았다.

예수님을 위한 증인이 되고자 하는 우리의 노력에도(예수
님께서는 우리에게 이것을 원하신다) 변화가 발생했다. 사
람들을 대하는 내 자신의 태도에서 나는 분명히 이것을 인
식하였다.

"예수님에 대해서 증거하고 알려야 한다"는 압박감이 줄어
들었으며 대신 포근하고 편안한 마음으로 예수님을 다른 사
람들에게 소개할 수 있었다.

나는 마치 잘 지어진 아름다운 집에 내 자신이 살고 있는
것처럼 느껴졌다. 우리 집을 방문한 사람은 우리 집의 아름

답고 우아한 분위기에 이끌려 집 단장과 수리에 관한 정보를 내게 물어올 수 있을 것이다. 그때 나는 이렇게 대답할 수 있을 것이다.

"제 남편이 이 집을 지었어요. 제 남편께서 당신의 질문에 잘 대답할 수 있을 거예요. 남편을 불러 드릴테니 잘 여쭈어 보세요. 원하신다면 제 남편이 당신 집을 수리하고 단장해 드릴 수도 있을 거예요."

내가 그 사람에게 예수님을 믿으라고 억지로 강요하는 대신 보다 자연스럽고 더욱 설득력 있게 예수님을 소개할 수 있게 되었다.

만일 그 사람이 남편의 도움을 필요로 했다면 분명히 그리고 기꺼이 도움을 요청했을 것이다. 그리고 그가 남편의 도움을 필요로 하지 않았다면 "고맙습니다만 도움은 사양하겠습니다"라고 자연스럽게 말했을 것이다.

그러나 그는 내가 살고 있는 멋있고 우아한 집을 보고 내 남편의 건축 실력을 확인했을 것이며 따라서 틀림없이 남편에게 집 수리와 단장을 부탁했을 것이다.

건축가의 실력은 그 건축가가 지은 집에 살고 있는 사람에 의해서 가장 분명히 그리고 쉽게 확인되어지기 때문이다.

만일 내가 앞의 예에서와 같은 방법으로 건축가의 실력을 증언하고 알려야 한다면 나는 먼저 그 건축가와 결혼을 하여 한 집에 살면서 그 건축가가 어떤 집을 지을 수 있나를 알아내야 할 것이다. 모르는 사람에게도 자신 있게 소개해 줄 수 있을 정도로 건축가인 남편의 실력을 충분히 잘 알아야 할 것이다. 어떤 사람이 남편에게 직접 도움 요청하기를 수줍어 할 경우에는 내가 남편에게 대신 도움을 요청해 줄 수도 있어야 할 것이다.

나의 생활과 삶에 예수님께서 함께 하신다는 사실을 확신하게 되자 우리를 위해 역사 하시는 예수님의 의지(意志)와 능력(能力)에 대한 의심이 차츰 차츰 사라지게 되었다.
사랑의 하나님께서 우리에게 아무런 대가 없이 주시는 선물인 은혜(恩惠)는 드디어 내 가슴속에서 자리를 잡아가고 있었다.

은혜를 받아들이는 것이 대단히 힘든 경우도 있다. 그것은 스스로 은혜를 받을 자격이 없는 것처럼 자책하는 것이다. 즉 "나는 내 스스로가 은혜를 받을 자격이 없음을 잘 알고 있어. 나는 '충분히 행하지 않았으며' 따라서 은혜 속에서 살 자격이 없어"라고 느껴지는 경우를 말하는 것이다.

내가 오래된 많은 잘못된 개념들을 버리게 되자, 내 일생 동안 내가 살게 될 은혜의 아파트 열쇠를 가질 수 있게 되었다.
이 아파트가 왕도시로 가는 길목에 정확히 위치하고 있었음은 두 말할 여지도 없다.

시련마을

세 번째 빵이 일으킨 다른 하나의 기적은 내가 시련마을을 이해할 수 있게 되었다는 사실이다.

잘못된 나의 옛날 지도 속에 그려진 도시와 마을들을 주님께 바치게 되자 나는 "시련과 어려움"에 대한 새로운 개념을 가지게 되었다. 그리고 내가 가지고 있었던 많은 "어려움"들이 모두 사라졌다.

내 자신이 스스로 설정해 놓았던 그 모든 잘못된 개념들 즉 착함, 행복, 건강, 노력, 완전 등에 얽매여 생활하며 살아가느라고 나는 많은 어려움을 겪었다. 그러한 개념들이 나의 삶에서 사라지게 되자 나의 생활과 삶은 결코 힘들지 않았다.

그러한 개념들이 스스로 어려움을 만들고 있었음이 드러났음에도 불구하고 여전히 나의 생활에는 많은 어려움도 있었고 고통도 있었다. 그러나 그러한 어려움과 고통을 필사적으로 회피하려고 시도하는 대신, 나는 그러한 어려움과 고통을 나의 성장을 향한 길목에 있는 한 단계로 인식하기 시작했다.

아직 개발되지 아니하고 성장되지 아니한 나의 개성(個性)이 어려운 상황을 만나게 됨으로써 더욱 강해지고 있었다. 그러한 어려운 상황들은 나의 약한 개성을 강화시키기 위해서 존재하는 것처럼 느껴졌다. 하나님의 명령에 의해서 존재하는 것처럼 느껴졌음은 물론이다.

나는 어떤 문제와 직접 맞부딪치는 것을 좋아하지 않는다. 내가 주님께 잘못된 지도 속의 도시와 마을들, 즉 잘못된 개념들을 바치게 된 후 나의 생활은 잘 닦여진 고속도로를 시원스럽게 달려가는 것이 아니라 울퉁불퉁하고 험한 길을 여기 저기서 만나게 되었으며 그때마다 나는 어떤 방법으로든 그 길과 직접 맞부딪쳐 극복해 나가야 했다.

이러한 "직접 맞부딪침"은 내게 아주 새로운 세계였다. 나는 이러한 맞부딪침을 아주 조심스럽게 피해 오면서 살아왔기 때문에 다른 사람들이 이미 그들의 생활에서 실천하고 있는 기본부터 다시 배워야만 했다.

나이 많은 부모와 홀로 살면서 한정된 사회생활을 하고 있는 아이는, 말하자면 정상적인 어린아이의 경험으로부터 격리되어 있는 아이는 어떤 문제에 어떻게 맞부딪쳐야 하는지를 잘 알지 못한다. 나의 경우도 어린 아이 시절부터 어떤 문제든지 늘 회피해 버리는데 익숙해 있었다.

"나에게 닥치는 문제들"은 나를 아끼고 사랑하는 시련마을 동장님께서 내게 내리시는 선물이라는 사실을 받아들인다는 것이 결코 쉽지 않았다.
내가 그토록 갈망했던 하나님의 형상대로 성장하기를 원한다면 내게 닥치는 문제들을 내가 직접 경험해야 한다는 사실을 시련마을의 동장님께서는 잘 알고 계셨다.

왕도시로 가는 나의 여정에서 시련마을의 가치를 인정하기 시작했을 때 나는 나의 고통을 감사하게 생각할 수 있게 되었다.
시련마을에서 길을 걷고 있었을 때 모든 잘못된 개념들이 길 주변에 넘어져 누워 있는 것을 발견할 수 있었다. 용감

하고, 완전하고, 생산적이고, 행복하고, 착한 척해야 했던
그 모든 잘못된 개념 때문에, 나는 지금까지 진실된 나를
이해하지 못했으며 받아들이지 못했다.

　그렇다. 나는 내가 용기 없는 사람이라는 사실을 잘 알고
있다. 무섭고 소름끼치는 이 세상에서 여러 가지 어려움들
에 부딪쳤을 때 그 어려움들을 해결하는 대신 "용기 없이"
교묘하게 그 어려움들을 피하면서 살아온 것이 나의 과거였
다.
　그러나 시련마을에서는 "용기 없음"이 다르게 취급되어졌
다. 어떤 어려움이 발생할 때마다 나는 오직 나의 믿음에만
매달리면서 그 어려움에 맞부딪쳐야 했다.

　용기 있는 체 하는 즉 진실된 내가 아닌 가면으로부터 빠
져 나오면서 나는 진실된 내가 어떤 사람인지를 상세히 살
펴보아야만 했다. 바로 이 순간, 내가 어떠한 사람인지 이미
완전히 알고 계시는 하나님께서 영광스럽게도 나와 함께 계
신다는 사실을 발견하게 되었다.
　하나님께서는 나로 하여금 잘못된 개념들로부터 떠나도록
도와 주셨을 뿐만 아니라, 진실된 나를 발견하고 진실된 나
와 함께 살아갈 수 있는 많은 새로운 기회를 제공하여 주셨
다.

　나는 여행에 대한 "두려움"이 가득 실린 수하물 차량을 내
가슴속에 가지고 있었다. 그 "두려움"은 상자 속에 몰래 감
추어져 있었으며 다른 물건인 것처럼 가장되어 운반되고 있
었다.
　그러나 시련마을에서는 두렵고 무서운 여러 가지 형태의

상황이 발생했을 때 주님의 손을 꼭 붙들고 직접 부딪쳐야 했으며 고속도로로, 바다로, 그리고 하늘로 직접 여행해야만 했다. 시련마을에서는 내게 다른 선택이 주어지지 않았다.

나는 패배를 두려워했다. 그런데 시련마을에서는 나의 안전과 관계되는 모든 문제들과 직접 부딪쳐야 했다.

나는 내가 무력하다고 늘 생각해 왔다. 물론이다. 주님께 완전히 의존하지 않는 한 항상 무력하다는 사실을 나는 시련마을에서 배워야 했다. 그리고 여러 형태의 새로운 상황에서 내 자신의 부족함과 부적절함이 주님의 완전함과 능력 속으로 용해되는 것을 느꼈다.

나는 행복하고, 착하고, 현명하고, 또 완전해야만 할 필요가 없었다. 또한 생산적인 사람이 되기 위해서 고군 분투해야 될 필요도 없었다. 나의 모든 부족함을 우리 모두의 구세주이신 주님께 바치고 또 주님께 의존하기만 하면 되었다. 하지만 그것은 쉽지 않았다. 그러나 시련마을에서는 그것이 오직 하나의 주어진 선택이었다.

"모든 것을 주님께 바치고 주님께 의지한다"는 말은 결코 "그냥 가만히 앉아서 아무 것도 하지 않고, 주님께서 나를 위해 모든 것을 해 주시기를 기다린다"는 뜻은 아니다.

내가 가지고 있었던 잘못된 개념들이 내게서 완전히 빠져나가 주님의 성스럽고 거룩한 손에 쥐어지는 것을 느끼는 순간, 나의 삶이 그 어느 때보다 더욱 풍성해지는 것을 느꼈다.

주님의 보호 아래에서, 나는 더욱 생산적이며, 더 열심히 일하며, 더 많이 성취하고 만족하는 그리고 더 행복한 나의 새로운 존재를 발견하였다.

시련마을은 기독교인에게나 비기독교인에게나 똑같이 하나의 장애물이다.
믿지 않는 사람들에게 "만일 당신이 예수님을 믿기만 하면 당신의 모든 고통과 어려움은 사라질 것이며 당신은 병들지 않고 아프지 않을 것이다. 모든 것이 풍부해지고 살림도 넉넉해질 것이다. 어떤 걱정과 고민도 모두 사라지게 될 것이다."라고 말할 수 있다면 얼마나 좋겠는가?

그러나 예수님을 믿게 됨으로써 삶이 점점 더 어려워지게 되는 경우가 많다. 믿지 아니하는 사람들의 눈에는, 예수를 믿으며 살기로 결정하게 되면 모든 것이 더욱 악화되는 것처럼 비추어지는 것이다.

자기 자신의 모든 것을 예수님께 바친 사람들은 대단히 중요한 삶의 진리를 터득하고 있다. 자기 자신들에게 어떤 어려운 상황이 닥치더라도 예수님께서 함께 하시게 됨으로써 그 어려움을 극복하고 초월할 수 있는 가슴 속 깊은 곳의 평화가 함께 한다는 사실을 알고 있다. 그 가슴 속 깊은 곳의 평화가 항상 밖으로 드러나 보이는 것은 아니다.

우리가 우리의 모든 생활을 주님께 맡기면 주님께서는 기꺼이 우리의 생활 속에 들어 오셔서 우리의 생활을 직접 통제하신다.

매일 매일의 생활이 어려움으로 가득 차 있다고 하면, 그 어려움은 우리를 완전하게 만들기 위한 그리고 주님의 거룩하심과 성스러움으로 가까이 접근시키기 위한 배움과 전진의 단계이며 경험이라고 생각할 수 있다. 그러한 믿음은 참으로 대견하고 진실된 믿음이다.

그러나 불우한 상황에서, 굴욕적인 상황에서, 와병 중에, 그리고 실패한 상황에서 그러한 참된 믿음을 가진다는 것은 대단히 어렵다.

실망이 우리 가슴 속 깊은 곳에 자리하려고 위협할 때 "하나님께서는 하나님을 사랑하는 자들을 위하여 모든 일에서 역사하실 수 있으며 또 역사하고 계신다"는 사실을 확인할 수 있다면 그 믿음은 진실되고 참된 믿음인 것이다.

여러 가지 어려움과 고통을 통해서 내게 내리시는 "하나님의 선물"을 기꺼이 받아들이는 것은 주님을 향한 나의 성장을 발견하고 확인하는 좋은 연습이 되는 것이다.

예수님께서는 내가 늘 행복하고 편안하며 나의 주위 환경이 언제나 즐거울 것이라고는 말씀하지 않으셨다. 그러나, 예수님께서는 나를 강건하게 만들기 위해서 그리고 내가 예수님의 형상을 향해 성장하는 것을 돕기 위해서 늘 나와 함께 계실 것이라고 말씀하셨다. 결국, 나는 예수님의 이 말씀을 믿어야 한다.

나는 "관심"을 내 자신으로부터 예수님께로 옮겨 놓아야 한다. 설령 내가 내키지 않는다 하더라도 내게는 다른 선택의 여지가 없음이 분명하다.

시련마을은 깊은 계곡의 입구에 있는 오직 하나의 마을임에 틀림없었으며 왕도시로 가기 위해서는 어느 누구도 이곳을 통과하지 않고 피해갈 수 없음을 알아야 한다.

얼마 전에 은혜시를 통과해 왔다는 사실을 기억하면서, 그리고 지금 우리가 우리의 목적지로 가는 정확한 길목에 있다는 사실을 또한 확신한다면 우리는 이 시련마을을 훌륭히 통과해 갈 수 있을 것이다.

기도를 위한 성경구절

내가 평안히 눕고 자기도 하리니 나를 안전히 거하게 하시는 이는 오직 여호와시니이다 (시편 4:8).

여호와여 내가 알거니와 주의 판단은 의로우시고 주께서 나를 괴롭게 하심은 성실하심으로 말미암음이니이다. 구하오니 주의 종에게 하신 말씀대로 주의 인자하심이 나의 위안이 되게 하시며 (시편 119:75-76).

제 4 장

네 번째 빵 : 편견

편견의 발견

친구가 나에게 전화를 해서 애완동물 한 마리를 우리 집으로 가져오겠다고 했다.

나는 최근에 그 친구의 고양이가 새끼를 많이 낳았다는 사실을 알고 있었으므로 틀림없이 그 친구가 새끼 고양이 한 마리를 가져올 것이라고 생각했었다.

그래서 나는 먼저 새끼 고양이를 위한 아담하고 작은 집을 준비했다. 고양이가 좋아하는 여러 종류의 장난감과 고양이용 통조림 음식도 가득 샀다. 고양이가 편히 쉴 수 있도록 깔개가 충분히 깔린 작은 놀이상자도 샀다.

'귀여운 우리 고양이'라는 글귀가 새겨진 음식접시를 구입했으며 고양이의 목에 달아 줄 귀여운 목걸이도 하나 샀다. 고양이의 건강을 위한 비타민과 각종 약품도 구입했다. 고양이를 키우기 위한 물품이라면 모두 구입했다.

나는 친구가 새끼 고양이를 안고 우리 집에 도착하기를 기다렸다. 드디어 친구의 차가 우리 집 앞에 도착했는데 차에서 내린 친구가 큰 담요 뭉치를 팔에 안고 걸어오는 것을 보고 나는 이상한 생각이 들었다. 새끼 고양이가 대단히 큰 모양이었다.

그런데, 새끼 고양이라면 움직이는 것이 정상인데 그 새끼 고양이는 담요 속에 싸여 있으면서도 전혀 움직이지 않았다. 나는 문 앞으로 달려나갔다.

"자, 네가 키우면서 사랑하게 될 애완동물이야."

친구는 땅바닥에 무릎을 대고 앉아 담요에 싸인 동물을 조심스럽게 풀었다.

"어, 이게 뭐야!"

나는 믿을 수 없다는 듯이 그 동물을 바라보았다. 담요 속에서 나온 동물은 몸의 군데군데에 점이 있는, 밝은 갈색의 눈을 가진 새끼 사슴이었다.

"새끼 사슴이야."

친구는 새끼 사슴의 등을 어루만지면서 흡족한 듯 말했다. 나는 어이없다는 듯이 대답했다.

"나는 새끼 고양이를 가져올 것으로 생각했는데... 그래서 새끼 고양이를 키우기 위한 모든 물품들을 다 구입했어. 이 새끼 사슴을 어떻게 키우지?"

"너는 이 새끼 사슴을 좋아하게 될 거야. 이 새끼 사슴은 자기를 키워 줄 주인이 필요해. 너처럼 큰 목장을 가진 사람에게는 아주 좋은 애완동물이 될 거야. 그리고 나는 너에게 새끼 고양이를 가져온다고 말한 적이 없어. 왜 너는 내가 새끼 고양이를 가져올 것이라고 생각했지?"

나는 선 채로 새끼 사슴을 내려다보면서 일이 이렇게 된 이유를 곰곰이 생각해 보았다.

"내가 일을 이렇게 만들었어. 내 친구는 '새끼 고양이'라는 말을 하지 않았어. 그래, 괜찮아. 어떻게 방법을 찾아야지. 나의 실수로 일이 이렇게 되었지만 전혀 방법이 없는 것은 아니겠지."

위의 이야기는 우리가 편견(偏見)을 가지게 되는 여러 가지 경우 중의 하나이다.

내 친구가 새끼 사슴을 가지고 왔을 때, 나는 새끼 고양이를 가지고 올 것이라는 편견을 가지고 있었음이 틀림없었다.

만일 내가 고양이를 위해 사 놓은 여러 가지 물품들과 고양이에 대한 나의 생각을 새끼 사슴에 잘 적응시키기만 하면 더 이상 문제는 없다. 그리고 새끼 고양이를 위해 사 놓은 물품들을 상점에 가지고 가서 새끼 사슴을 키우기 위한 물품으로 바꿀 수도 있다.

그러나 내가 만일 새끼 고양이를 가지겠다는 생각을 고집하고 새끼 사슴에게 내 마음을 줄 수 없다면, 나는 즉각적으로 편견을 나타내 보이게 되는 것이다.

나는 그 새끼 사슴으로 하여금 새끼 고양이의 놀이상자에서 놀고 새끼 고양이의 음식을 먹고 새끼 고양이의 장난감을 가지고 놀도록 요구할지도 모른다. 그리고 새끼 사슴이 그러한 나의 요구를 거부할 경우 나는 새끼 사슴에게 혹독한 처벌을 내릴지도 모른다.

어쩌면, 나는 내 말을 듣지 아니한 벌로써 새끼 사슴을 죽여 버릴지도 모른다. 만일 그렇게 했다면, 편견으로 인해서 악랄하고 부적절한 행동을 한 결과가 되었을 것이다.

우리는 자신이 원하는 방법으로 말하거나 행동하지 않는 사람에 대해서 편견을 가지는 경우가 많다. 그리하여 그들을 알지 못하고 이해하지도 못한 채 편견을 가지게 된다. 이 경우, 예수님께서 자신의 생명을 바치기까지 하면서 우리에게 베풀어주신 사랑을 편견으로 인해 손상시키고 마는 결과를 낳게 된다.

"나는 새끼 사슴을 좋아하지 않아. 새끼 사슴은 화초를 먹는단 말이야"라고 생각하게 될 때, 실제의 내 마음은 "나는 옛날에 새끼 사슴 한 마리를 그것이 새끼 고양이가 아니라는 이유로 좋아하지 않았었어. 그리고 그 이후로는 새끼 사슴을 결코 좋아해 본 적이 없어"라고 말하는 것이 아닌지 한 번 살펴볼 필요가 있다. 이 두 말 사이에는 엄청난 차이가 있다.

편견의 속성을 알게 되었을 때, 그리고 편견의 추함과 그 영향력을 인식하게 되었을 때, 나는 예수님께 드려야 할 네 번째 빵이 무엇이 되어야 할 것인지를 깨달을 수 있었다. 바로 이 편견이 네 번째 빵이 되어야 했다.

앞에서 예수님께 드린 다른 빵들은 너무 맛이 없었다. 그러나 이 빵은 맛이 그렇게 쓴 것 같지 않았다.

나는 많은 인종이 함께 섞여 있는 환경 속에서 자라났기 때문에 인종에 대한 아무런 편견을 가지고 있지 않았다. 따라서 처음에 나는 이 빵을 주님께 바치는 것은 대단히 쉬울 것이라고 생각했다.

나의 부모님은 인디안 학교에서 일하셨는데 그 학교는 인디언의 피를 1/16 정도만 가지고 있어도 다닐 수 있는 기숙사제 학교였다.

내게는 인디안 피가 섞이지 않았기 때문에 나는 인디안 학교가 아닌 다른 공립학교에 다녔다.

그러나 나는 대부분의 놀이 시간을 동양인, 인디언, 백인, 흑인, 그리고 멕시코인 등의 피가 섞여 있는 아이들과 함께 보냈다.

우리들 중의 어느 누구도 피부 색깔에 대해서 생각해 본 적이 없었다. 우리는 장난감을 함께 나누어 가졌고, 서로 싸우기도 했고, 서로 결혼을 하는 계획도 세웠으며, 그 외 우리가 할 수 있는 모든 것을 함께 공유했다.

내게 있어서 오직 하나 유감스러웠던 것은, 나의 생활이 그들의 생활보다 훨씬 더 제약되어 있었기 때문에 그들이 즐겼던 많은 재미있는 놀이에 내가 함께 참여할 수 없었다는 사실이었다.

우리들은 모두 서로 다른 식사 문화, 서로 다른 풍습을 가지고 있었으며 입는 옷도 서로 달랐다. 그러나, 돌이켜 보건대, 나는 나의 친구들에게 어떤 편견도 가지고 있지 않았다.

그러나 편견은 우리의 가슴 속 깊은 곳에 자리를 잡는 그 나름대로의 독특한 방법을 가지고 있었다.

편견을 주님께 바쳐야 할 네 번째 빵으로 결정하자마자 나는 인종에 대한 편견을 가지고 있는 사람들에 대해서 내가 심한 편견을 가지고 있다는 사실을 발견하였다. 다시 말해서 나는 인종 차별하는 사람을 아주 나쁘게 생각하고 있었다.

대부분의 내 친구들은 여러 인종이 섞인 혼혈아였으므로 어떤 사람이 인종에 대한 편견을 보이는 경우 나는 화를 아주 심하게 냈었다.

인종에 대한 편견을 가지고 있는 사람들을 하나님의 왕국으로 내 스스로가 받아들일 수 있기 위해서는 내 가슴 속 깊은 곳을 솔직하게 살펴볼 수 있는 시간이 필요하였다.

나는 인종에 대한 편견을 가지고 있지 않았다. 그러나 나는 인종에 대한 편견을 가지고 있는 사람들에 대해서 편견을 가지고 있었다. 결국 나는 나의 편견을 한 희생물에서 다른 희생물로 옮긴 것에 불과하였다.

인종에 대한 편견을 가진 사람들은 어떤 방법으로든 가슴에 상처를 입은 사람들이었다. 그리고 그들은 그들이 할 수 있는 최상의 방법 즉 인종에 대한 편견으로 그들의 상처를 숨기며 보호하고 있었다.

인종에 대한 편견은 나쁜 죄를 저지를 수 있는 많은 공간을 남겨놓고 있다. 그러나 우리의 눈동자 색깔에 대해서 우리가 책임이 없는 것처럼 편견의 원인에 대한 책임도 우리에게 없는 경우가 많다.

개에 대한 편견

어떤 부인을 위해 기도해 준 적이 있었다. 그 부인은 개를 워낙 무서워했기 때문에 자기 집 아이들에게 개 기르는 것을 허락하지 않았다. 그러나 아이들은 개를 기르자고 자꾸만 졸랐다. 그 부인 자신도 논리적으로 생각하면 그녀의 아이들로 하여금 애완동물을 기르는 경험을 가지게 하고 싶었다.

그녀는 내게 기도를 부탁하면서 말했다.

"저는 개에 대해서 나쁜 편견을 가지고 있어요. 심지어 개를 기르는 사람에 대해서조차도 좋지 않는 편견을 가지고 있어요. 그러나 저희 집 아이들은 개를 너무 가지고 싶어해요. 그래서 저는 저의 이러한 편견을 치료하고 싶어요. 하나님께 그러한 기도를 해도 괜찮을까요?"

나는 그녀에게 확신을 주면서 말했다.

"한 마리의 참새가 땅에 떨어지는 것까지도 알고 계시는 하나님 아버지께서는 지금 부인의 상황을 이해하시고 기꺼이 도와주실 것으로 믿어요"

그 부인과 나는 함께 무릎을 꿇고 하나님 아버지께 이 문제에 대한 해답을 간구하면서 기도했다. 드디어 나는 성령님의 능력에 힘입어 으르렁거리는 커다란 개에게 무섭게 위협 당하고 있는 한 어린아이를 내 마음속에서 보게 되었다. 개로부터 그러한 무서운 위협을 당한 이후로 그녀는 개에 대한 적개심을 가지게 된 것이었다.

나는 그녀의 가슴속에 있는 개에 대한 공포심을 치유해

달라고, 개에 대한 심한 적개심으로부터 그녀를 해방시켜 달라고 주님께 기도했다.

그 부인은 그 사건을 기억하지 못했다. 그러나 그 부인의 어머니가 그러한 사건이 있었음을 확인해 주면서 그녀가 기어다니던 어린 아기였을 때 일어났었던 그 사건에 대해서 이야기해 주었다.

물론 그 아기가 죄의식이나 의도적인 악의에서 개를 무서워하게 된 것은 아니었다. 그러나 그 공포는 그녀의 정서에 대단히 깊은 상처를 남기게 되었고 개를 볼 때마다 즉각적으로 방어 자세를 취하게 되었던 것이다. 심지어 개를 소유하고 있는 사람마저도 옛날의 그 상처를 건드릴 수 있는 혐의자로 보게 되었던 것이다.

하나님의 모든 창조물을 사랑해야 됨에도 불구하고, 이렇게 개에 대한 편견을 가지게 됨으로써 하나님의 형상을 향한 그녀의 완전성(完全性)은 크게 상처를 입고 있었다.

우리는 그녀의 무의식 속에 감추어져 있는 그 공포의 순간에 예수님께서 함께 하셔서 사랑의 빛을 가득 부어 주시기를 기도했다.

드디어 그 부인의 편견은 주님의 사랑 안으로 용해되었다. 그녀는 자신의 무의식 속에 자리하고 있었던 어릴 적 공포의 순간을 예수님께서 가져 가셨다는 사실을 알게 되었다. 그 부인은 개를 두려워하던 습관을 기꺼이 버리게 되었으며 개에 대한 편견도 말끔히 사라졌다. 그녀는 지금 개를 두 마리나 키우고 있다. 물론 고양이도 한 마리 있으며 토끼도 다섯 마리나 있다.

우리를 두렵고 무섭게 했던 일, 우리에게 고통과 아픔을 주었던 기억, 우리를 실망시켰던 사건 등은 우리의 무의식 속에 뿌리깊은 편견을 심어주게 되며 그 편견은 일생 동안 우리를 떠나지 않는다.

분명히, 편견을 없애는 유일한 방법은 우리의 무의식 깊은 곳에 자리하고 있는 편견들을 모두 찾아내어 주님께 드리면서 주님의 치유의 손길로 어루만져 주시기를 기도하는 것이다.

주님께 드릴 네 번째의 빵이 편견이 되어야 한다고 결심한 다음 나는 내가 가지고 있을지도 모르는 편견들을 조심스럽게 살펴보기 시작했다.

새끼 고양이 대신 새끼 사슴과 함께 사는 것을 배우기 위해서는 인생에 대한 새로운 시각이 필요하였다.

허수아비의 실체

어린 아이였을 때 허수아비를 만들었던 적이 있다. 아버지로부터 못 쓰는 헌 셔츠와 멜빵이 달린 작업복 바지를 얻었으며 어머니로부터 오래 된 외출용 모자를 얻었다. 이웃

집에서 사용하다 버린 구멍난 장갑을 주웠다. 그리고 누군 가가 쓰다 버린, 긴 자루 달린 걸레와 다 헤어진 침실용 슬 리퍼 한 짝을 쓰레기통 안에서 주웠다.

이렇게 잡다한 헌 물건들을 여기 저기서 수집한 다음 나 는 허수아비를 만들기 시작했다. 먼저, 작업복 바지 안에 걸 레자루를 집어넣고 셔츠를 입힌 후 여러 물건들을 이리 저 리 함께 묶어 허수아비의 형태로 만들었다. 그리고 그 안에 잔디 깎은 것을 가득 채워 넣었다. 그렇게 해서 훌륭한 허 수아비가 만들어졌다.

허수아비는 참새, 울새, 굴뚝새 등이 가까이 오지 못하도 록 쫓아내었다. 까치, 까마귀, 갈가마귀 등이 허수아비의 모 습을 이리 저리 살피면서 그 주위를 날았다.

그러나, 쐐기벌레가 걸레 안에 집을 지었으며, 채워 넣은 풀 안에는 말벌이 여름 한 철을 지내기 위해 둥지를 틀었다. 이처럼 날카로운 침을 가진, 보기 흉하고 불쾌한 벌레들이 허수아비의 부분 부분에 가득 찼기 때문에 나는 더 이상 허 수아비를 좋아할 수 없었다. 결국 나는 아버지께 그 허수아 비를 내 놀이터에서 치워 달라고 부탁을 드렸다.

내가 만든 허수아비는 우리가 가지고 있는 많은 편견들에 대한 좋은 비유라고 생각한다.

나의 조상들과 부모님께서 오랫동안 사용하시던 물건들, 우리 이웃이 버린 낡고 못쓰게 된 폐품들, 쓰레기통에 버려 진 물건 등을 이용하여 나는 허수아비를 만들었던 것이다.

얼마 후, 그 허수아비 안에는 기이하고 불쾌한 벌레들이 가득 차게 되었고 나는 하나님 아버지께 이 허수아비를 내게서 제거해 주시기를 간청해야만 했다.

내가 가지고 있는 편견은 대부분이 허수아비 안에 둥지를 만든 작은 말벌 또는 쐐기벌레와 같은 것임에 틀림없다. 그래서 나는 하나님 아버지께 허수아비 안에 들어있는 벌레들을 모두 제거할 수 있도록 그 허수아비에 불을 질러 주시기를 부탁드렸다.

우리 가족과 관련된 몇 가지 작은 편견들, 그리고 그 외 명백하지만 심각하지는 않은 몇 가지 편견들을 확인하고 가려내어 주님께 드리면서, 나는 만족한 듯이 여유 있게 기적이 일어나기를 기다렸다.

남자에 대한 편견

그러나 예수님께서는 기적을 일으키시는 대신 나의 도시락 가방을 바라보시면서 슬픈 미소를 지으신 채 서 계셨다. 예수님께서는 나의 일생동안 나와 다른 사람들과의 관계에 피해를 끼쳐온, 내가 가지고 있는 커다란 편견을 알고 계셨다. 물론 나는 그 편견을 전혀 깨닫지 못하고 있었다.

나는 남자에 대해서 좋지 않은 편견을 가지고 있었다. 그 편견이 얼마나 크고 나쁜 것이었는가를, 그리고 그 편견이 내 생활의 부분 부분에 얼마나 나쁜 영향을 미쳤는가를 알게 되었을 때, 나는 너무나 큰 충격을 받아 몸을 제대로 가눌 수 없을 지경이었다.

예수님께 드리는 것은 말할 것도 없고, 내가 그 편견을 인정한다는 사실조차도 힘들었다. 그러나, 예수님께서는 손을 내민 채 기다리셨다. 드디어, 나는 나의 이 편견을 예수님께 드리기 위한 첫 발자국을 내디뎠다.

내 할아버지의 가정 생활에는 환멸적인 요소가 많이 있었다. 따라서 우리 가족은 남자에 대한 증오심을 심각하게 가지게 되었으며 그것은 내 생활의 모든 영역에 나쁜 영향을 미쳤다. 남자는 어느 누구도 믿을 수 없으며 남자를 좋아해서는 안된다는 편견이 나의 무의식 속에 자리잡게 되었다.

"남자는 여자에게 너무 많은 것을 요구해. 그리고 남자는 여자에게 심각한 문제점만 야기시킬 뿐이야. 많은 아이를 갖게 하고 걱정과 피로를 여자에게 안겨 주며 결국은 과로로 인해서 여자를 죽음에까지 이르게 해. 남자들은 여자의 입장을 전혀 생각하지 않고 자기 자신만 생각해. 한 마디로 말해서, 여자는 남자에 대해서 무조건 조심해야 돼."

모든 편견을 주님께 드려서 더 이상 어떤 편견도 가지고 있지 않다고 생각했던 나는 이처럼 큰 편견을 내가 가지고 있다는 사실에 놀라지 않을 수 없었다.

그 편견이 나의 모든 생활과 활동에 영향을 미치고 있었다는 사실도 또한 확인했다. 남자에 대한 편견이 나의 삶에 미친 영향을 살펴보았을 때 나는 몸서리가 쳐졌다.

하나님은 우리의 다른 모든 죄 때문에 슬퍼하시듯이, 나의 편견 때문에도 슬퍼하신다는 사실을 나는 확신한다. 나의 비뚤어진 편견으로 인해서 괴로워하는 것은 하나님뿐만이 아니었다. 나의 편견으로 인해서 내 자신도 또한 말할 수 없는 피해를 입었다.

나는 어떤 남자의 말이든 성실하고 주의 깊게 듣지 않았다. 마땅히 주의 깊게 들어야 했을 주님의 말씀 또한 성실하게 듣지 않았다. 여러 가지로 부족한 나를 사랑해 주었던 내 남편의 말도 반만 들었다. 하나님의 말씀을 내게 전달하도록 임무를 부여받은 목사님의 설교도 부분적으로만 들을 정도였다.

기독교 지도자, 연사, 가수, 라디오 사회자, 텔레비전에 나오는 탤런트 등 모든 남자들의 말을 내 나름대로의 벽을 쌓고 무시했다. 그래서 나는 당연히 내가 주의 깊게 들었어야 할 하나님의 말씀을 많이 놓쳤다. 무엇보다 나빴던 것은, 주 예수님 앞에서도 주먹쥔 손을 펴지 않았으며 내 마음을 열지 않았다.

예수님은 과거에도, 지금도, 그리고 앞으로도 하나님께서 이 세상에 보내주신 하나님의 아들이다. 나는 개인적으로 직접 예수님을 영접하였음에도 불구하고 남자인 예수님과의 관계는 항상 안전거리를 두고 유지하였다.

네 번째의 이 빵은 모든 빵 중에서도 가장 크고 제일 거친 빵임에 틀림없었다.

나의 삶의 그 어떤 것도 나의 구세주이신 예수님과 나 사이에 벽을 만들지 못했다. 그러나 남자에 대한 편견은 예수님과 나 사이에 큰 벽을 만들고 있었다.

나의 생활에서 남자에 대한 이 특이한 편견의 영향을 받지 않는 영역은 거의 없었다. 이 편견은 정치적인 문제에서부터 입술 연지 바르는 일에 이르기까지 내 생활의 모든 분야에 슬그머니 파고들었다.

주님께서 드디어 이 편견을 내게 보여 주시고 그 영향이 얼마나 큰가를 내가 깨닫게 되었을 때, 아주 오래 전에 있었던 한 작은 사건이 내 머리에 떠올랐다.

나의 어린 딸이 염색용 청색가루가 든 유리병을 다용도실의 시멘트 바닥에 떨어뜨려 깨뜨린 적이 있었다. 나는 가루의 흔적을 없애기 위해 다용도실의 구석구석을 걸레로 닦고 또 닦았다. 그러나 수 개월이 지난 후에도 이곳 저곳에서 청색가루의 흔적은 계속 발견되었다. 염색용 청색가루는 다용도실 안에 놓여 있었던 항아리에도, 창틀에도, 걸레 받침대에도, 빗자루 손잡이에도 묻어 있었다.

"주님, 저의 생활 곳곳에 묻어있는 남자에 대한 이 편견을 주님께 바칠 수 있도록 도와주시고 그것을 받으셔서 기적을 일으켜 주시옵소서."

얼마 후, 나는 다른 기독교인들 역시 심각한 편견을 가지고 있다는 사실을 알게 되었다. 우리는 우리와 같은 방법으로 예수님을 믿지 않는 사람에게 냉소를 보내거나 그들을 회피하는 경우가 많다.

우리와 종파가 다른 기독교인들을 얼마나 사랑하고 있는지 생각해 보자. 예수님을 믿지 않는 사람에게는 더욱 더 그러하다.

예수님께서는 우리에게 "세상에 나가서 모든 사람들을 사
도로 만들어라. 복음을 전파하라. 다른 사람들을 사랑하라."
고 말씀하셨다. 예수님께서 우리에게 주신 이 중요한 사명
을 수행하면서 복음의 선물을 전달해 주어야 될 그 사람들
에 대해서 우리 스스로가 편견을 가진다는 것은 분명히 잘
못된 일이다. 그럼에도 불구하고 우리가 그들에 대해서 편
견없이 대한다는 것은 결코 쉬운 일이 아니다.

우리가 어떤 사람에게 편견을 가지면서 동시에 사랑을 줄
수는 없다. 다른 사람의 견해(見解)가 나의 견해와 완전히
다를 수도 있다. 다른 견해를 사탄에 의해 사주되는 사악한
견해라고 믿을 수도 있다. 다른 사람으로 하여금 그의 견해
를 바꾸도록 내가 할 수 있는 모든 방법으로 설득할 수도
있다. 그러나 그 과정에서 그 사람에 대한 편견이 개입되어
서는 안된다.

하나님께서는 우리 모두를 사랑하신다.

하나님께서는 우리를 판단하신다.

하나님께서는 우리의 죄를 심판하신다.

내가 할 수 있는 일은 하나님께서 주신 사명을 겸허히 받
아들이면서 모든 사람을 편견없이 사랑하는 것이다. 내가
해야 할 일은 부족함을 채워 주시고 상처를 치유해 주실 주
님을 사람들에게 소개하는 것이다.

하나님께서 내게 주신 사명을 충실히 잘 수행하기 위해서

는 남자에 대해서 내가 가지고 있었던 이 편견의 좋지 않는 면을 다시 한번 살펴보아야 했다.

내게는 모든 남자가 '기피 인물'이었다. 어떤 사람에게는 흑인이 기피 인물이 될 수도 있으며 또는 아시아인이 기피 인물이 될 수도 있다. 또 어떤 사람에게는 뚱뚱한 사람, 병약한 사람, 정신과 의사, 목사, 부자, 이혼한 사람, 흡연가, 젊은이, 노인, 장발머리, 실업자 등이 '기피 인물'이 될 수도 있다.

편견의 마지막 종착역은 어느 경우에나 똑같이, 자기 스스로를 고립시키는 것이며 또한 자신의 사랑이 결핍되었음을 보여주는 것이다.

나는 하나님의 분별력(分別力)으로 남자를 보지 않았으며 하나님의 사랑으로 남자를 사랑하지 않았다. 만약 내가 하나님의 분별력과 하나님의 사랑으로 남자를 대했다면 나는 하나님의 판단(判斷)으로 남자를 판단했을 것이다.

어떤 일을 미리 단정해 버리는 이 편견은 상대에 대해서 잘 알지도 못한 채 판단해 버리는 오류를 범하고 말았다. 나는 이 편견을 영원히 버려야 했다.

하나님께서는 남자에 대한 나의 편견을 치유하기 위해서 남자를 사용하셨다. 그 남자와 나는 함께 성경 공부에 참여했으며 성경 공부를 끝내기 전에 함께 기도를 하게 되었다. 사실 그 남자는 자기 부인의 권유를 받고 그 권유를 뿌리칠 수 없어 성경 공부에 참여한 사람이었다.

그는 여러 사람이 모인 곳에서 기도할 생각을 전혀 가지고 있지 않았다. 그런데 그가 나의 어깨에 손을 얹고 "주님, 크레노 여사가 지금 원하고 갈구하는 것이 무엇인지 저는 모릅니다. 그러나 주님, 그녀가 간절하게 원하고 갈구하는 그녀의 기도를 들어 주시옵소서."라고 소리내어 기도하였다. 기도가 끝난 후, 그는 자기로서는 억제할 수 없는 어떤 힘에 이끌려 그렇게 기도하게 되었다고 고백하였다.

나는 그 남자에 대해서 잘 알지 못했으며 그가 하는 말을 주의 깊게 듣지도 않았다. 그러나, 그의 손으로부터 흘러나온 온기가 내 몸에 흐르는 것을 느꼈으며 내 발바닥 밑까지 뜨거워지는 것을 깨달을 수 있었다.

성경 공부 회원들이 방을 떠난 후, 나는 그 자리에 앉아 마치 어린아이처럼 엉엉 울면서 한없이 많은 눈물을 쏟았다.

다음 날 나는 무엇인가 새로운 일이 내게 발생했음을 알 수 있었다. 하나님의 사랑의 불꽃이 남자에 대한 나의 편견을 불태워 날려 버렸으며 편견이 자리잡고 있었던 내 가슴 속에는 인생에 대한 새로운 안목이 자리잡기 시작하였다.

남자에 대한 편견을 없애는 데에는, 즉 남자를 미워하는 습관을 뿌리뽑는 데에는 시간과 노력이 필요했다. 그러나 이제 나는 남자들도 여자들과 마찬가지로 믿을 수 있으며, 다정하며, 사랑스러우며, 마음이 가난하며, 주님의 사랑을 갈망한다는 사실을 확신하고 있다.

물론, 사랑스럽지 못하며 믿음직스럽지 못한 남자도 있다. 그것은 여자의 경우에도 마찬가지이다.

집어서 키우는 애완동물, 예를 들면 개와 고양이 역시 모두 다 믿을 수는 없다. 심지어 평화의 상징인 비둘기도 우리 머리 위로 날아서 잘 다듬어 놓은 머리 위에 배설물을 떨어뜨릴 수도 있다.

우리 생활에서 관찰되는 다른 모든 편견의 경우와 마찬가지로, 남자에 대한 편견을 우리 가슴속에 은밀하게 감추어 놓는 것은 어리석기 짝이 없다.

우리가 정직하게 바라볼 수만 있다면 그 편견들을 드러내어 주 예수님께 드려서 기적을 일으키실 수 있도록 해야 한다.

기도를 위한 성경구절

긍휼히 여기는 자는 복이 있나니 저희가 긍휼히 여김을 받을 것임이요 (마태복음 5:7).

너희는 육체를 따라 판단하나 나는 아무도 판단치 아니하노라. 만일 내가 판단하여도 내 판단이 참되니 이는 내가 혼자 있는 것이 아니요 나를 보내신 이가 나와 함께 계심이라 (요한복음 8:15-16).

믿음의 기적

새끼 사슴을 사랑할 수 있게 되었을 때

만일 내가 새끼 사슴을 새끼 고양이가 아니라는 이유로 죽여 버렸다면, 내 삶의 교과서에서 새로운 경험의 장(章)을 모두 잃어버리는 결과를 가져 왔을 것이다.

사슴 사육에 대해서 나는 거의 몰랐으며 백과사전에도 상세히 설명되어 있지 않았다. 그러나 새끼 사슴을 키우는 경험을 통해서 새끼 사슴이 어른 사슴으로 성장하는 과정을 내 스스로 배우게 되었다.

새끼 사슴에게 새끼 고양이의 행동과 태도를 요구하지 않았기 때문에 새끼 사슴을 사랑할 수 있었고 새끼 사슴으로 하여금 나를 사랑하도록 가르칠 수 있었다.

새끼 사슴에 관한 나의 이야기는 부분적으로 만들어낸 이야기이다. 사실은, 내 친구의 새끼 사슴을 6주일 동안 돌봐준 적이 있었다. 그 때 나는 숲 속에서 사는 동물인 새끼 사슴에 관해 많은 것을 배우게 되었다.

그 새끼 사슴이 자라서 혼자 살아갈 수 있다고 판단되었을·때 우리는 그 새끼 사슴을 그의 고향인 숲 속으로 보내주었다. 어른 사슴이 되기 훨씬 전이었다.

나는 새끼 사슴에 대해서 몇 가지 사실을 알게 되었다. 즉 새끼 사슴은 화초 뜯어먹는 것을 좋아하며, 송아지 울음소리와 양의 울음소리가 섞인 울음소리를 내며, 집에서 길들이고 키우기가 무척 어렵다는 사실들을 알게 되었다. 새끼 사슴은 새끼 고양이와는 전혀 다르다는 사실도 또한 알게 되었다.

남자를 믿기 시작하고

나의 편견을 주님께 드렸을 때 나는 새끼 사슴을 통해서 배우게 된 것보다 훨씬 더 많은 것을 깨달을 수 있게 되었다. 내가 일생동안 줄곧 가져왔던 편견을 예수님께 드릴 수 있게 되자 기적은 일어나기 시작했다.

남자도 믿기 시작했으며 존경하기 시작했다. 많은 사람들과 함께 우정(友情)을 나누었으며 남자도 우리의 우정에 포함되었다. 남자들도 그들의 감정을 나와 함께 나누었으며 그들의 문제를 내게 상의해 왔고 또 기도도 요청해 왔다.

그러나 무엇보다 중요한 것은 예수님에 대해 느끼는 나의 마음이 진실로 달라졌다는 사실이었다. 나는 이미 예수님을 개인적으로 만나는 경험을 가졌으며 그 만남은 나의 삶을 완전히 변화시켰다.

그러나 한 남자로서의 예수님, 아버지로서의 예수님, 형제

로서의 예수님, 그리고 사랑하는 사람으로서의 예수님으로
부터 나는 더 많은 것을 배웠다.

　내가 남자에 대한 편견을 가지고 있었던 동안에는 전혀
불가능했던 일이었다. 이 새로움은 내게 커다란 기쁨이었다.

　주님께서는 즉시 나로 하여금 남자에 대한 비슷한 종류의
편견을 가지고 있는 다른 여인들과 이 감정을 함께 나눌 수
있도록 하셨다.

내 자신의 남성적인 요소

　내가 깨닫지 못하고 또한 발전시키지 못했던 남성적인 요
소가 내 자신에게 있다는 사실을 알게 되었다. 내가 남자를
경멸하고 남성적인 요소를 멸시했을 때 내 자신의 삶의 일
부도 또한 멸시하고 있었음을 알 수 있었다.

　나는 정신과 의사들이 우리 인간의 개성(個性)에 대해서
어떻게 설명하고 있는지 공부하기 시작하였다. 드디어 나는
하나님 아버지께서 여자인 나의 부족함을 보충시키기 위해
서 남성적인 요소를 나의 개성 안에 심어주셨음을 조심스럽
게 인식하기 시작하였다.

　여자인 나는 용기가 없었다. 그러나 내 개성 안에 존재하
는 남성적인 요소 덕택에 험난한 이 세상에서 더욱 용기 있
게 살아갈 수 있다는 사실을 알게 되었다.

내 무의식이 아무런 저항 없이 나의 남성적인 요소를 받아들이게 되자, 처음에는 소년을 꿈꾸기 시작하다가 나중에는 어른 남자를 꿈꿀 수 있었다.

그러나 남자에 대한 뿌리깊은 편견을 가지고 살아 온 50년 이상의 세월은 그 나름대로의 습관을 형성하였으며 그 흔적은 쉽게 지워지지 않았다.

나는 습관적인 행동에 대항해서 싸워야만 했다. 드디어 그러한 습관으로부터 해방될 수 있는 방법을 알기 시작했으며 그 과정에서 나의 몫을 시작하였다.

새로움의 영기

내가 편견을 새로이 깨닫게 됨으로써 경험하게 된 가장 중요하고 흥미 있는 결과는 다른 사람들이 그들의 고통과 어려움을 상의하기 위해서 나의 문을 두드리기 시작했다는 사실이었다.

어떤 사람이 편견을 버리게 되면 다른 사람이 그 사람으로부터 느끼게 되는 영기(靈氣)나 느낌 같은 것이 있는 것 같다. 어떻든, 나의 새로운 영기 또는 느낌이 다른 사람에게 전달되었음이 틀림없었다.

많은 사람들이 내게 찾아왔다. 그들이 행했던 끔찍한 일과 그들에게 일어난 많은 사건들을 이야기하면서 이제까지 결코 경험하지 못했던 완전(完全)을 이룰 수 있도록 나에게 도움을 요청하였다.

그들이 어떤 일을 내게 털어놓아도 내가 전혀 동요되지 않는다는 사실을 내 스스로 느낄 수 있었다. 그들이 얼마나 나빴었나, 무엇을 뉘우쳐야 하는가를 이야기하는 것이 내가 해야 될 일이 아님을 나는 분명히 알고 있었다.

내가 해야 될 일은 그들로 하여금 주님의 사랑을 알고 주님의 사랑을 간구하도록 인도하는 것이었다.

나는 성경을 통해서 예수님의 사람 다루는 방법을 이해하게 되었다. 예수님께서 사람을 다루시는 방법은, 그들을 치료하고 돕고 사랑하는 것이었으며 그들로 하여금 스스로 죄의 길에서 나오도록 하는 것이었다.

나는 삭개오를 생각했다. 그는 예수님의 사랑을 느꼈기 때문에 기꺼이 새로운 인생을 살기로 결심했던 사람이었다.

예수님께서는 우리들에게 "나가서 세상을 심판하라"고 말씀하지 않으셨다. 예수님께서는 "가서 복음을 세상에 전파하라"고 말씀하셨다. 기쁜 소식인 복음은 "하나님께서 이 세상을 너무 사랑하셨기 때문에 이 세상을 구원하시기 위하여 그 아들을 기꺼이 보내셨다"는 것이다.

갑자기 새롭고 강력한 자유가 나의 삶을 가득 채웠다.

내게 와서 어려움과 고통을 털어놓는 사람들에게, 이 세상에 예수님께서 함께 계신다고 하는 영광스러운 사실을 알리는 일만이 내가 할 일이었다. 나머지는 내가 생각조차 할

필요 없이 성령님께서 그들 스스로 자신들의 잘못을 깨닫게
하시고 뉘우치게 하실 것이다.

사랑의 하나님

어떤 사람이 아주 심하게 갈증을 느끼고 있는 상황이라
하자. 그는 틀림없이 갈증을 해소시켜 줄 물을 원하고 있을
것이며, 너무나 갈증을 느끼고 있기 때문에 이끼나 올챙이
로 가득 차 있는 물이라도 있으면 마시려고 할 것이다.

내게 고통과 어려움을 상담하러 왔던 사람들도 예외 없이
마실 물을 찾고 있었다. 그들은 사랑에 대한 갈증을 느끼고
있었다. 사랑을 찾기 위해 그들의 가슴속을 뒤지고 있었다.

단일 아무도 그들에게 진실된 사랑을 소개해 주지 않고
알려주지 않았다고 하면 그들은 마약, 술, 성적(性的)인 윤
락행위, 돈, 권력, 외모, 소유 등 잘못된 장소에서 사랑을
찾으면서 많은 세월을 헛되이 보냈을 것이다.

나의 희망은 오직 하나였다. 그들이 지금 마시고 있는 '불
순물로 가득찬 물'을 우리의 구세주이신 '예수님의 사랑'으로
대체시키고자 하는 것이었다.

나는 드디어 이렇게 말할 수 있었다.

"여보세요, 당신은 지금까지 당신의 빈 가슴을 채우기 위한 무엇인가를 찾고 있었습니다. 그리고 당신은 그 불운한 사건에서 인생의 쓴 맛을 느꼈는지도 모르겠습니다. 그러나 인생에는 훨씬 더 좋은 삶의 샘터가 있습니다. 그 샘터를 만나십시오. 예수님을 만나 보십시오."

예수님을 만나게 됨으로써 그들은 그 '불운한 사건'의 실제 모습을 볼 수 있게 되었다. 그것은 우리들이 가끔씩 시도하는 여러 종류의 무익한 추구일 수도 있다.

나의 편견을 예수님께 바친 후, 나는 예수님께서 나와 함께 하고 계신다는 사실을 더욱 분명히 느낄 수 있었다. 다른 사람을 대할 때도 예수님께서는 늘 내 곁에 함께 하셨다 예수님께서 내 삶의 모든 부분에 기꺼이 함께 하시기를 원하고 계신다는 사실을 나는 확신했다.

그러나, '용서하지 않는 마음'과 같이, 미리 단정하고 판단해 버리는 이 '편견'은 바위와 같이 단단했으며 날카로운 모서리를 가지고 있어서 내가 주님께 가까이 하는 것을 계속 가로막고 있었다.

지금까지 나는 편견이 이 험한 세상으로부터 나를 보호해 준다고 느끼고 있었는지도 모른다. 그러나 주님께서 나와 함께 하심으로써 나는 편견의 실제 모습을 볼 수 있었다. 편견은 주님께서 내게 주시는 사랑과 내가 다른 사람에게 주어야 할 주님의 사랑을 정상적으로 흐르지 못하게 가두는 위험한 저수지(貯水池)였다.

내게 찾아와서 자신들의 어려운 문제를 상담하고 함께 기도했던 사람들은 모두 심한 편견을 가지고 있었다. 그러나 그들의 편견은 무의식의 깊은 곳에 자리하고 있었기 때문에 겉으로 드러나 보이지 않았으며 쉽게 확인되지도 않았다.
나의 경우처럼, 그들의 정력은 잘못된 개념을 믿고 그 잘못된 개념에 따라 행동하는데 소모되고 있었다.

나의 정신적인 정력 또한 '못된 남성'이라고 하는 망상과 싸우면서 내 자신을 방어하느라고 소모되고 있었다. 사실, 남자는 나의 삶과 나의 생활에 해를 끼치려고 하는 어떠한 의도도 가지고 있지 않았다.

편견은 나의 정력을 약화시켰을 뿐만 아니라 내 삶의 진정한 목표, 즉 내가 주님을 더 정확히 알고 주님께 더욱 가까이 가는 것을 방해하고 있었다.

드디어 나는 편견을 주님께 드렸고, 주님께서는 그 편견을 기꺼이 받으셔서 치유해 주셨다. 나의 편견이 주님에 의해서 치유되자마자 나는 다른 사람들로 하여금 그들의 편견을 치유하도록 그리하여 주님의 사랑이 그들 가운데 함께 할 수 있도록 도울 수 있었다.

편견은 우리 스스로가 만들어 낸, 우리 자신에 대한 일종의 보호장치(保護裝置)이다. 즉 어떤 사람으로 하여금 그의 능력과 힘과 권한을 사용하도록 내버려두는 것보다, 그 사람으로 하여금 어떻게 행동해야 되며 행동하지 말아야 되는지를 내가 미리 결정해 주는 것이 훨씬 더 내게 안전하다는 논리이다.

예를 들면, 내가 새끼 사슴의 본능적인 행동에 대해서 어떻게 대처해야 될지 전혀 몰랐기 때문에, 새끼 사슴으로 하여금 새끼 고양이의 놀이상자를 사용하고 새끼 고양이의 음식을 먹고 새끼 고양이의 행동을 하도록 미리 결정해 버리는 것이 편견이다.

다시 말해서, 새끼 사슴의 당황스런 행동으로부터 내 자신을 보호하기 위해서 나는 "새끼 사슴은 나쁜 동물이다"라고 선포를 하는 것이다.

만일 새끼 사슴이 화단의 꽃들을 뜯어먹음으로써 나를 더욱 당황하게 하면, 나는 크게 분노하여 그 새끼 사슴에게 처벌을 내릴지도 모른다. 바로 이것이 편견의 원천이라는 사실을 나는 이해할 수 있었다.

편견의 원천을 이해하게 되자, 나는 다른 사람들이 그들의 편견을 치유할 수 있도록 더욱 잘 도와줄 수 있었다. 자신들의 삶의 화단에 있는 '꽃'을 뜯어먹는 이웃들의 행동에 대해서 상담해 오는 사람들에게 우리 인간은 모두 동일하지 않고 서로 다르다는 사실을 설명해 주었다.

이와 같이 모든 인간의 차이점의 원천을 인식시켜 줌으로써 그들의 편견을 치유하도록 도와주었다. 주님의 도움 없이는 절대 불가능한 일이었다. 참으로 주님만이, 오직 주님만이 우리들을 자유의 기쁨으로 인도할 수 있음을 다시 깨달았다.

계속 만들어지는 편견

비록 내가 편견을 예수님께 기꺼이 바쳤지만, 그 편견의 흔적과 그림자는 나의 개성에 아직 남아 있었다.

내가 해야 될 일은 아직 완전히 끝나지 않았다. 비록 나의 삶에 새로운 자유가 임했지만, 나는 계속 만들어지는 또 다른 편견에 대항하고 경계해야만 했다.

이들 편견은 내가 모르는 사이에 나의 가슴속에 자리하기 위해서 어두운 곳에 조용히 매복하고 있었다. 이 보리 빵은 모든 빵 중에서 가장 지저분했다. 계속해서 나의 도시락 가방을 털어도 또 다시 새로운 부스러기가 떨어져 나왔다.

이런 특수한 상황에 대해서는 그리이스말 'optative'라는 시제를 사용하는 것이 좋을 것 같다. 그리이스말 'optative' 는 영어로 'in the process of happening'이라고 정의된 다. '계속 발생하고 있는 과정'이라는 뜻이다.

나의 이 네 번째 빵은 계속 생겨나고 있는 빵이었다. 그러나 주님께서는 이 빵도 통제하실 수 있기에 이제 이 빵은 더 이상 내 것이 아니다. 아멘.

내게 다가오시는 예수님

모든 편견을 주님께 바쳤기 때문에 이제 내게는 아무런

편견도 없다고 생각했다. 그러나 또 다른 모습의 편견이 내게 있음을 발견하였다. 그것은 다른 사람의 '진실된 변화'를 믿지 않는 편견이었다.

나는 늘 내 자신의 변화를 위해 기도하고 간구했다. 나는 주님께 열심히 간구함으로써 내 자신이 변화될 수 있음을 믿었다. 그러나 다른 사람이 완전히 변화된 모습으로 내 앞에 나타났을 때 나는 그 사람의 변화된 모습을 믿지 못하고 여전히 편견을 가졌다. 그 사람의 변화를 믿지 못했으며 그 사람을 회피했다.

"어떤 사실을 믿는다"고 하는 것은 지적(知的)인 한 과정이다. 우리는 그 '사실'을 조사하고 그 사실에 대한 여러 사람의 '주장'을 검토한다. 그리고 다른 사람들의 여러 가지 주장이 우리 자신의 '생각과 논리'에 어떻게 부합되는가를 살펴본 다음 '그 사실을 믿기'로 결정한다.

우리가 조심스럽게 결정을 내리게 되면 그 '사실'과 '생각과 논리'는 우리의 생활 자세 속으로 스며들게 된다.
예를 들어, 조지 와싱톤에 관한 모든 역사적인 자료를 읽고 조사한 다음 개인 역사로서의 그의 존재를 믿을 수 있게 된다. 바로 그 순간, 나는 조지 와싱톤을 믿는 사람이 되는 것이다. 그러나 조지 와싱톤은 자기에 대한 나의 믿음에 관해서 아무런 일도 하지 않는다. 모든 과정은 나에 의해서 행해진다. 내가 알고 있는 한 그는 그의 무덤에 평화로이 누워 있을 뿐이다.

그러나 예수님의 경우에는 그렇지 않다. 성경과 역사 서적을 두루 공부하고 여러 사람들의 글을 읽기도 하면서 예수라는 사람에 대해서 연구를 한다. 그리고 드디어 예수님을 믿기로 결심한다. 바로 그 순간 예수님은 무덤 속에 계시는 것이 아니라 살아 계시며 나에게 다가 오신다.

내가 예수님을 만나기 위해 예수님을 향해 갈 때 예수님께서도 나를 만나러 오신다. 내가 예수님으로부터 아무리 멀리 떨어져 있더라도, 내가 예수님을 향해 움직임을 시작하는 바로 그 순간 예수님께서는 나를 향해 오신다.

나는 예수님을 잠시 멈추시게 할지도 모르며 기다리시게 할지도 모른다. 또는 전체 과정이 너무 빨리 일어나서 내가 그 발생하는 과정을 전혀 인식하지 못할지도 모른다.

어쨌든, 예수님께서는 나를 가까이 오도록 부르실 것이다. 변화는 하나님 쪽에서 발생한다. 우리는 단지 그를 향해 돌아서야 하며 하나님으로 하여금 '그 분의 일'을 하시도록 해야 한다.

이제 나는 진실로 변화된 다른 사람을 볼 때, 우리 인간은 불가능하지만 하나님께서는 가능하다는 사실을 기억할 수 있다.

하나님께서는 나로 하여금 자유 의사에 의해서 하나님을 향해 돌아서도록 하시며 내 가슴 속 깊숙한 곳에 커다란 변화를 일으키신다.

기도를 위한 성경구절

아담과 그 아내 두 사람이 벌거벗었으나 부끄러워 아니하니라 (창세기 2:25).

나는 포도나무요 너희는 가지니 저가 내 안에, 내가 저 안에 있으면 이 사람은 과실을 많이 맺나니 나를 떠나서는 너희가 아무것도 할 수 없음이라 (요한복음 15:5).

제 5 장

다섯 번째 빵 : 습관

나르시스의 습관

나르시스는 시장을 보기 위해 장바구니를 들고 대문을 나서자마자 식품점으로 향했다. 나르시스가 식품점으로 가는 길은 항상 같은 길이다. 인도를 걸어 가다가 첫 번째 만나는 길에서 오른편으로 꺾었다. 그 길을 따라 가다가 세 번째 골목길에서 다시 오른편으로 꺾었다. 그리고는 작은 강 위로 있는 두 개의 나무다리 중에서 첫 번째 나무다리는 그냥 지나치고 두 번째 나무다리를 건넜다.

두 번째 나무다리를 조심스럽게 건넌 후 강의 반대편에 도착한 나르시스는 왼편으로 꺾어 길의 끝까지 걸어가서 마지막 지점에 도착했다. 그곳에서 넓은 인도를 만난 그녀는 다시 오른편으로 꺾은 다음 길의 한가운데만 밟고 걸어갔다. 드디어 그녀는 식품점에 도착했다.

식품점 안에 들어선 나르시스는 빠른 걸음으로 식품 진열대로 향했다. 장바구니가 가득 차도록 시장을 본 그녀는 친구가 경영하는 제과점으로 급히 발걸음을 옮겼다.

"오늘은 늦었군, 나르시스. 어디 들렀다 오는 모양이야."

친구인 베르니카가 말했다.

"그래. 오늘 좀 늦었어. 식품점에 다녀오는 길이야. 가게 문을 닫으려고 하는 거야?"

"그래. 이제 막 떠나려던 참이었어. 집에 가져가게 빵 한 봉지 싸 줄까?"

"그래. 고마워"

　침묵의 시간이 약간 흘렀다. 나르시스가 베르니카를 다시 쳐다보았을 때 처음으로 베르니카 곁에 누군가가 함께 있는 것을 알게 되었다. 멀리 살고 있는 베르니카의 여동생이 와서 함께 있었다. 나르시스는 베르니카의 여동생이 자기를 뚫어지게 쳐다보고 있는 것을 느꼈다. 나르시스는 전에 그녀를 만나 본 적이 있었다.

　베르니카의 여동생은 나르시스를 몹시 불쾌하게 만들었다. 그녀는 퉁명스럽게 쏘아붙이듯이 말했다.

"언니! 내가 언니 가게에 온 것이 오늘로 세 번째야. 일년 간격으로 한 번씩 온 것 같아. 올 때마다 나는 똑같은 대화를 반복해서 들어. 혹시 내가 고장난 레코드판을 듣고 있는 것은 아니겠지? 나르시스! 당신은 항상 이렇게 늦나요? 항상 빵을 집에 싸가지고 가나요?"

　그녀는 베르니카와 나르시스를 번갈아 훑어보았고, 이어서 세 사람은 약간 당황한 듯이 다시 서로를 멋적게 쳐다보았다.

　그녀의 말이 맞는지도 모른다. 매주, 매년 똑같은 일이 계속 반복되는 것 같다. 나르시스는 자기의 장바구니를 훑어보았다. 1주일 전, 아니 1- 2년 전에 샀던 물건들과 거의 똑같은 물건들을 산 것 같다. 분명히 시장에는 다른 식료품들도 있었으므로 새로운 물건들을 살수도 있었다.

갑자기 나르시스는 자기가 시장에서 매일 똑같은 물건들만 사고 있다는 사실에 대해 당혹스러움을 느꼈다. 나르시스는 베르니카의 여동생을 향해 이마살을 찌푸렸다. 반복되는 자기의 습관이 다른 사람에 의해 노출되었다는 사실이 불쾌했다.

다섯 번째 빵의 발견

장바구니는 가득 채웠지만 마음은 텅 빈 상태로 시장에서 집으로 돌아온 나르시스를 생각하면서, 나는 예수님께 바쳐야 할 나의 마지막 보리 빵이 무엇인가를 깨닫게 되었다.

주님께서 기적을 일으키실 수 있도록 나의 보리 빵, 즉 화와 분노, 용서하지 않는 마음, 잘못된 인식, 편견 등을 주님께 드렸었다.
그러나 주님께 그 빵들을 바친 후에도 나는 여전히 그 빵들의 흔적과 싸워야 했다. 그 빵들의 흔적이 나의 습관 속에 포함되어 있었기 때문에 그 빵들의 흔적과 씨름해야만 했다. 내 보리 빵들의 모든 기적이 최고의 효과를 발휘하기 위해서는 내가 가지고 있는 습관으로부터 해방되어야 했다.

습관(習慣)에 의해서 행동하는 것은 창문이 없는 긴 복도를 따라 걷는 것과 같다. 우리가 긴 복도를 따라 걷게 되면 복도의 방향에 따라 방향을 바꿀 수 있을 뿐이며 우리에게 방향을 바꿀 수 있는 자유는 없다. 뿐만 아니라, 새롭고 신기하고 아름다운 바깥 세상도 볼 수 없다.

습관 안에서는 자유(自由)가 없다. 오랫동안 계속해 오던 행동을 완전히 버린 후에도 습관은 우리를 옛날의 행동에 자꾸만 묶어 놓으려고 한다. 이 습관을 나의 다섯 번째 보리 빵으로 주님께 바쳐야 한다는 것은 의심의 여지가 없었다.

나는 이러한 습관들의 출발점이 어디이며, 어떻게 해서 이들 습관들이 생겨나는지를 곰곰이 생각해 보았다.

왜 나르시스는 첫 번째와 두 번째 골목을 그냥 통과하고 세 번째 골목길에서 오른편으로 꺾을까?
왜 나르시스는 첫 번째 나무다리는 그냥 통과하고 두 번째 나무다리를 사용해서 개울을 건널까?
개울을 건넌 후 넓은 인도를 걸어갈 때 왜 나르시스는 길의 한 가운데만 밟고 걸어갈까?
나는 나르시스의 시장 가는 길의 습관을 조사해 볼 필요가 있다고 생각했다.

"나르시스, 당신은 시장에 갈 때 왜 첫 번째와 두 번째 골목은 그냥 통과하고 세 번째 골목길에서 오른편으로 꺾나요? 왜 첫 번째 나무다리는 그냥 통과하고 두 번째 나무다리를 사용해서 개울을 건너세요?"

나르시스는 대답 대신 어깨를 으쓱해 보였다. 그녀는 항상 두 번째 나무다리를 사용해서 개울을 건넜으며 첫 번째 나무다리는 사용해 본 적이 없었다. 그러나 그녀는 자기가 왜 그렇게 하는지에 대해서는 결코 생각해 본 적이 없었다.

옛날 일들을 항상 잘 기억하시는 나르시스의 어머니에게 나르시스의 이 습관에 대해서 물어 보았다.

나르시스와 어머니가 함께 시장에 가던 어느 날이었다. 어머니는 고사리같이 귀여운 나르시스의 어린 손을 꼭 잡고 시장으로 가고 있었다. 그런데 누군가가 여러 개의 썩은 사과를 시장 가는 골목 길 가운데에 버려 놓았다. 사과에서는 악취가 풍기고 있었으며 그 주위에는 개미의 긴 행렬이 이어지고 있었다. 개미들에게는 이 썩은 사과가 좋은 식사거리였을 것이다.

시장에 갈 때마다 어린 나르시스는 이 썩은 사과와 개미의 행렬을 피해 더 먼길을 돌아 세 번째 골목길에서 오른편으로 꺾었다.

아마도 나르시스는 어렸을 때의 이 일을 잊어버린 것 같다. 그러나 어머니의 손을 꼭 붙잡고 매일 같은 길로 시장에 가면서 자기도 모르는 사이에 그녀의 잠재 의식에는 "이 길이 시장 가는 길이다. 이 길이 시장에 가는 유일한 길이며 올바른 길이다"라는 생각이 뿌리를 내리게 되었다.

이것은 아마도 시시한 얘기인 것처럼 들릴지도 모른다. 아니 어쩌면 정말로 시시한 얘기인지도 모르겠다. 그러나,

나의 습관에 대해서 구체적으로 살펴보았을 때 나는 내 스스로도 이해하기 어려운 몇 가지 습관을 가지고 있다는 사실을 발견하게 되었다.

　나와 우리 가족은 침대 위에 앉지 않는 습관을 가지고 있었다. 만일 의자가 없으면 한쪽 발로 서서 비틀거리면서 양말을 신고 구두끈을 매거나 의자가 있는 다른 방으로 옮겨가서 양말과 신발을 신었다. 침대 위에는 절대 걸터앉지 않았다.
　침대 위에 걸터앉는 것이 아주 나쁜 행동이라고 내가 의식적으로 생각하거나 결정해 본 적은 결코 없다. 그러나 우리 가족은 어느 누구도 침대 위에 걸터앉는 행동은 하지 않는다.
　이 습관은 아주 어렸을 때부터 내 몸에 베어 있었다. 아마, 아주 오래 전에 우리 가족 중 한 사람이 침대 위에 걸터앉았을 때 오래되고 낡은 침대 스프링이 내려앉음으로 크게 다친 일이 있었는지도 모르겠다. 하지만 지금 우리 집 침대의 스프링과 매트는 새 것이며 대단히 튼튼해서 작은 코끼리가 앉아도 견딜 정도이다.

　침대 위에 앉지 말아야 된다고 하는 우리 가족의 생각은 대단히 부적절한 생각이었다. 침대 위에 살짝 걸터앉기만 하면 술취한 사람처럼 비틀거리며 양말을 신거나 구두끈을 매지 않아도 될 것이다. 또 다른 방으로 옮겨가는 수고를 하지 않아도 될 것이다.

습관의 형성

　나르시스의 이야기로 다시 돌아가자. 나르시스와 어머니는 처음에 첫 번째 나무다리를 통해서 개울을 건넜다. 그런데 어머니와 나르시스가 다리의 중간 지점을 통과할 때 갑자기 다리가 흔들거렸고 나르시스의 어머니는 무서움과 현기증을 느꼈다.

　"나르시스, 조심해! 다리가 흔들거려. 떨어지지 않도록 조심하거라! 이 다리는 대단히 위험하구나. 다음부터는 이 위험한 다리를 건너지 말자. 좀 더 밑쪽으로 가면 튼튼한 나무다리가 있으니 그 다리를 사용하자꾸나."

　어떤 소녀의 경우에는 어머니의 손을 살짝 빠져 나와 첫 번째 다리를 계속 건넜을지도 모른다. 그러나 나르시스는 세심하고 내성적인 성격의 아이였으며 어머니의 제의를 그대로 순순히 받아들였다.
　그 이후로 나르시스는 아무런 생각없이 습관적으로 첫 번째 다리는 사용하지 않고 두 번째 다리를 사용해서 시장에 가게 되었다.

　그러나, 어머니의 두려움과 순간적인 현기증으로 인해 자기에게 하나의 습관이 형성되었다는 사실을 나르시스는 전혀 깨닫지 못하고 있었다.

　만일 나르시스가 좀 더 용감했거나 반항적이었다면 어머니의 제의를 받아들이지 않고 첫 번째 다리를 사용해서 계속 개울을 건넜을 것이다.

그런데 흥미로운 것은 이 경우에도 또 다른 형태의 습관이 형성된다는 사실이다. 이 경우에는 어머니의 의사와 정반대 되는 행동을 함으로써 하나의 습관이 형성될 수 있다.

나는 아주 거북하고 어색한 자세로 다림질을 하는 한 친구를 알고 있다. 어느 날 나는 그 친구의 다림질하는 모습을 쳐다보고 있다가 도저히 더 이상 참을 수 없어서 이렇게 물어 보았다.

"얘, 너는 왜 그런 거북한 자세로 다림질을 하니?"

내 친구는 잠시 머뭇거린 후 수줍은 듯이 대답했다.

"내 어머니 때문이야. 어머니는 다림질을 아주 잘 하셨어. 그래서 나는 어머니의 멋진 다림질 솜씨에 대해서 일종의 반항심을 가지게 되었고 결국은 이런 거북하고 어색한 자세로 다림질을 하기 시작했어. 나는 줄곧 이런 자세로 다림질을 해 왔기 때문에 이제 습관이 되어 버렸단다."

우리는 어이없다는 듯이 함께 웃을 수밖에 없었다. 내 친구는 자기의 다림질 습관이 잘못된 줄 알고 있지만 이제 그 자세가 습관이 되어 그 거북하고 어색한 자세로도 곧잘 다림질을 했다.

개울을 건넌 후 넓은 인도를 걸어갈 때 왜 나르시스는 길의 한가운데만 밟고 걸어갈까? 이 습관은 어디에서 형성되었을까?

　나르시스가 좀 더 나이 들어서였다. 어느 날 옆집에 사는 소년 앤디가 시장에 놀러 가자고 했다. 나르시스는 앤디와 함께 시장으로 갔다. 앤디는 아무 두려움 없이 즐거이 휘파람을 불면서 유쾌하게 시장을 향해서 걸어갔다. 앤디가 나르시스를 향해 말했다.

　"나르시스, 힘내. 즐겁게 걸어."

　그러나 나르시스는 앤디를 따라가면서 즐겁고 유쾌할 수 없었다. 소심하고 순진한 성격을 가진 나르시스는 길 주위에서 자기를 놀리면서 소리치는 왁자지껄한 남자아이들 때문에 마음이 편치 않았기 때문이다.

　남자아이들이 길 바깥쪽으로부터 자기에게 뛰어들어 소리치기 시작하자 드디어 나르시스는 겁에 질려 버렸다. 나르시스는 앤디를 남겨 둔 채 그 장난꾸러기 남자아이들에게서 도망쳐 나와 숨이 가쁘게 집으로 되돌아 왔다.
　그 후, 나르시스는 남자아이들이 또 갑자기 장난치며 자기에게 달려들지 않도록 항상 길 한가운데로 걸었다.

　나르시스는 다른 소녀들보다 훨씬 수줍은 소녀였음에 틀림없었다. 그러나 우리들 대부분 역시 우리 스스로도 잘 알지 못하는 어떤 두려움 즉 길 바깥쪽에서 갑자기 우리 앞에 불쑥 얼굴을 내밀 것 같은 그 어떤 것에 대한 두려움으로부터 생겨난 '습관'을 가지고 있다.

나의 아버지는 어렸을 때 노새의 뒷발에 채이신 적이 있었다. 그 이후 아버지는 말에 접근할 경우 항상 어느 정도의 안전 거리를 유지하셨다. 물론 충분히 이해가 되는 조심성이었다.

그러나 나는 승마 선수들이 말의 뒷발에 채일 것에 대한 걱정을 전혀 하지 않고 곧장 말 뒤에서 안전하게 걷는 것을 많이 보아 왔다. 아마도 우리 아버지의 말에 대한 조심성은 심사숙고하여 행한 행동이라기 보다는 습관적인 방어 동작이었을 것이다.

감정적인 방어 동작도 똑같은 방법에 의해서 이루어진다고 생각한다.

만일 내가 신혼 초에 본의 아니게 남편의 감정을 건드리는 어떤 이야기를 해서 남편으로부터 심한 꾸중을 들었다면 다시는 그런 종류의 이야기를 남편에게 하지 않을 것이다. 그리하여 나도 모르는 사이에 그런 종류의 대화에 대한 습관적인 방어 동작이 내게 형성될 것이다.

그리고 세월이 지나 중년이 되어 주부로서의 내 위치가 확고히 된 후에도 여전히 나는 그런 종류의 대화는 회피할 것이다.

다른 사람의 습관도 우리에게 쉽게 전달되어 옮아온다. 우리가 감기에 완전 면역일 수 없듯이 다른 사람의 습관에도 완전 면역일 수 없다.

단일 우리가 다른 사람의 습관에 감염되지 않기 위해 "조심해야 한다! 조심해야 한다! 조심해야 한다!"고 생각하면서 스스로에게 계속 경고한다고 하자. 이것은 마치 감기가

옮아올까 걱정되어 남의 재채기를 몹시 두려워하는 것과 같
으며 이러한 행동 또한 하나의 나쁜 방어 습관을 형성한다.

죄의식 또한 습관을 만들어 낸다. 우리는 죄의식을 느낄
수 있는 상황을 피하게 되며 그리하여 마침내는 그것이 하
나의 습관으로 굳어진다. 그 습관이 너무 강해서, 보다 자유
롭게 주님에 대한 믿음 속에서 살려는 우리의 갈망을 대신
하게 된다.

나는 내 자신을 내세우는 경향이 있었다. 내 자신을 내세
우는 것은 분명히 '이기적'이며 '분별없는' 행동이다.
얼마 후, 나는 내 자신을 내세우는 태도를 버리게 되었는
데 그 이유는 내가 내 자신을 내세우게 되면 곧바로 죄의식
을 느꼈기 때문이었다. 그리하여 내 자신을 내세우지 않는
태도가 나의 다른 습관으로 굳어졌다.

이처럼 습관은 과거의 여러 가지 정서적 반응(反應)에 의
해 쉽게 나의 생활 속에 형성되었다. 습관의 이 보리 빵은
참으로 많은 부스러기를 가지고 있었다.

주님, 저의 습관을

나는 분명히 주님께 나의 '분노와 화'를 첫 번째 빵으로
바쳤다. 그러나 그 '분노와 화'를 여전히 가지고 있는 것처럼
행동하고 있는 내 자신을 자주 느끼곤 했었다.

내가 어떤 곤혹스러운 상황에 직면하게 되었을 때 잠깐 동안은 화를 내지 않을 수 있었다. 주님께 나의 화를 드렸기 대문이었다. 그러나 시간이 조금 지나고 나면 화를 내면서 내 자신을 방어하고 있는 나를 느낄 수 있었다. 결국 나의 습관적인 화는 변화되지 않았다.

"오, 주님, 곤혹스러운 상황에 직면할 때마다 생겨나는 이 화의 습관을 받아 주시옵소서."

가장 많은 부스러기를 가지고 있는 지저분한 이 빵을 주님 앞에 내놓았을 때 주님께서는 내게 두 가지 물건을 주셨다. 그것은 손전등과 붉은 색깔의 지우개였다. 내가 의아해서 그 물건들을 받았을때, 주님께서 내 잠재의식의 세계에 놀랄 정도로 깨끗하고 성스러운 불을 켜시는 것 같았다. 주님께서는 분명히 이렇게 말씀하시는 것 같았다.

"너는 이제 너의 습관적인 화 즉 화의 습관을 더욱 쉽게 볼 수 있을 것이다."

나는 주님께서 켜신 밝고 성스러운 불빛의 도움을 받으며 나의 내부 깊은 곳에 자리하고 있는 잠재의식을 자세히 살펴보았다.

그리고 나는 새로운 사실을 알게 되었다. 그것은 내가 어떤 곤혹스러운 상황에서 화를 낼 때, 정말로 화가 나서 그러는 것이 아니라 습관적으로 화를 내고 있다는 사실이었다. 주님께 화를 드렸음에도 불구하고 계속 화를 내고 있는 이유는 습관적인 화 때문이라는 사실을 분명히 알게 되었다.

그후 나는 주님께서 내게 주신 붉은 색깔의 지우개를 사용하여 나의 습관을 지울 수 있었고, 여러 곤혹스러운 상황에서도 화를 내는 대신 더욱 바람직한 태도로 다른 사람들을 대할 수 있었다.

습관적으로 화를 내려고 하는 잠재의식적인 나의 행동이 성령의 불빛에 의해 비추어질 때마다 "주님의 형상을 따라 성장한다"는 성경 구절이 내 마음속에 떠올랐으며 그 말씀은 나를 크게 고무시켰다.

사도 바울은 말씀하셨다.

"너희 안에 새 삶을 만들어 주신 주님의 형상을 따라, 의로움을 새로이 알게 되는 새로운 사람이 되었도다."

주님의 형상을 따라 새로운 사람이 된다는 사도 바울의 말씀은 내게 용기를 주었다. 나는 계속 주님께 간구하였다.

완전한 사람이 되기 위한 여정을 시작하는 순간 곧바로 내가 완전하게 되는 것은 아니다. 그러나 나는 주님의 형상을 향하여 계속 새로워지고 있다.

염세주의 습관

어느 날 나는 내가 가지고 있는 또 하나의 습관을 알게 되었다. 남자에 대한 나의 편견의 경우처럼, 그 습관은 나의 다른 모든 행동과 실타래처럼 서로 얽혀 있었다.

그것은 염세주의(厭世主義)의 습관, 즉 비관(悲觀)의 습관이었다. 어떤 이유에서인지는 모르지만 우리 가족은 모두 비관론적인 생각을 가지고 있었다. 무엇인가 좋지 않은 일이 곧 일어날 것 같다는 생각을 우리 가족은 늘 가지고 있었다.

"어떤 것을 얻기 원한다면 나는 틀림없이 그것을 얻지 못할 것이다."

"머지않아 나는 내가 가진 것을 잃을 것이다."

"만일 내가 낮 동안 너무 많이 웃었다면 해가 지기 전에 울게 될 것이다."

우리 집에서는 이러한 생각을 가지는 것이 예사로운 일로 되어 버렸다. 그 뒤 나는 대단히 많은 사람들이 이런 염세주의적인 생활 분위기에서 살고 있다는 사실을 알게 되었다.

염세주의는 기독교 정신에 반대된다. 예수님께서는 우리가 고통을 받게 될 것이라고 말씀하셨다. 그러나 우리가 그 시련을 극복할 것이라고 말씀하셨다. 그리하여 하나님 아버지의 집에서 예수님 자신과 함께 있게 될 것이라고 말씀하셨다.

반사회적인 행동에 대한 처벌로써 십자가에 매달려 있었

던 도둑에게도 거룩하고 성스러운 희망이 주어졌는데 염세
주의는 예수님의 말씀을 부정하는 것이며 성경을 통해 우리
에게 전해지는 하나님의 말씀을 전부 부인하는 것이다.

"하나님께서 사랑으로 우리를 창조하셨으므로 우리는 최고
의 가치와 아름다움을 가지고 있다"고 성경은 설명하고 있
다. 하나님께서는 우리가 하나님께서 계획하신 예정된 목적
으로부터 벗어나 방황하는 것을 구하고 본래의 순수한 희망
을 다시 가질 수 있도록 하기 위해서 예수님의 죽음을 우리
에게 선물로 주셨다. 그러나 염세주의는 이러한 개념을 완
전히 부인한다.

염세주의는 악마의 무서운 힘을 믿는 것이다. 창세기에서
요한계시록에 이르기까지 그 어디에서도 염세주의적인 가르
침은 없다. 그런데 내가 예수님을 내 가슴에 영접한 후에도
어떻게 염세주의자로 남아 있을 수 있단 말인가?

나는 그러고 싶지 않았지만 염세주의의 습관은 워낙 강했
다. 내가 어떤 현실에 부딪치게 되었을 때 생각할 겨를도
없이 자동적으로 염세주의적인 태도를 보이고 있었다. 나는
염세주의의 습관과 싸워야 했고 그것을 뿌리뽑아야 했다.

염세주의와의 싸움은 결코 쉽지 않았다. 인생을 비관적으
로 보는 이 습관과 싸우는데 있어서 가장 어려웠던 점은,
염세주의에 빠져있는 사람들은 자신 이외의 다른 사람에 대
해서는 결코 생각할 수 있는 여유가 없다고 하는 사실이었
다.

나르시스는 다른 사람에 대해서, 심지어 예수님에 대해서도 자기의 관심을 돌릴 여유가 없었다. 왜냐하면 일어날지도 도르는 불행한 일, 보게 될지도 모르는 추한 일, 자기에게 닥칠 것이라고 예상하고 있는 실망스러운 일 등에 대한 방어적인 습관에 강하게 사로잡혀 있었기 때문이었다.

자기 스스로 만든, 가게로 가는 정해진 길을 따라 가면서 나르시스는 매일 매일 더 작아지고 있었다. 일상 생활을 위한 기본적인 일을 처리해 나가는 데 매일 매일 더 많은 시간이 걸렸다.

나르시스에게 흥미와 재미라는 것은 없었다. 친구들과 음식을 나누어 먹는 일도, 커피 한 잔 나누어 마시는 일도 없었다. 나르시스가 하는 일은 창문 없는 습관의 긴 복도를 따라 걸어가는 지루한 행진뿐이었다.

나르시스의 이야기는 어느 정도 과장된 면도 있다. 그러나 습관의 한 측면을 우리에게 진실되게 보여 주고 있다.

나는 주님께서 원하시는 대로 기적을 일으키실 수 있도록, 다른 모든 습관들과 함께 염세주의의 습관도 주님께 드리기로 결심하였다.

근심과 걱정

나의 염세주의를 주님께 드리기로 결심하자마자 주님께서는 내게 이 염세주의의 동반자가 있음을 알려 주셨다. 주님께서 내게 알려주신 염세주의의 동반자는 '근심과 걱정'이었다.

나는 많은 시간과 정력을 근심하고 걱정하는데 소모했다는 사실을 깨닫게 되었다. 만일 내가 근심하고 걱정해야 될 특별한 일이 없는 경우에는 내 스스로 막연한 '근심거리와 걱정거리'를 만들어 내어 나의 정력을 소모시켰다.

'근심과 걱정'은 염세주의의 또 다른 한 면으로서 내 생활의 부분 부분에 나쁜 영향을 미치고 있었다. 근심과 걱정에 사로잡혀 있는 사람에게 "근심과 걱정을 버리고 믿음과 확신을 가져야 해" 라고 말하는 것은 그 사람에게 전혀 도움이 되지 않는다.

'믿음과 확신'은 필요하다고 해서 사거나, 빌리거나, 훔치거나, 또는 만들어 낼 수 있는 상품이 아니다. 그것은 우리가 주님께 간절히 구하고 기도할 때 주님께서 우리에게 주시는 선물이다. 믿음과 확신을 위해서 주님께 간절히 간구하게 되면 주님께서는 두꺼운 붉은 지우개를 우리에게 주실 것이다. 우리는 그 지우개로 근심과 걱정, 불신과 불안을 조심스럽게 지울 수 있을 것이며 믿음과 확신을 가질 수 있게 될 것이다.

내가 나의 나쁜 습관들을 주님께 드리자 주님께서는 그것들을 받으신 후 내게 손전등과 지우개를 주셨다. 이제 내가 해야 할 일은 그 손전등과 지우개를 사용하는 것이었다.

　유감스럽게도, 어떤 경우에는 내 자신이 나의 나쁜 습관들을 버리고 싶어하지 않는다는 사실을 발견하였다. 때로는 그 습관들은 내가 하나님 아버지 대신 의지했던 나의 지주였다. 그러나, 나의 습관들은 주님을 향한 나의 성장을 더디게 했다.

　나의 자아(自我)와 내가 형성시킨 습관(習慣)이 일치하지 않을 때도 있었다. 그리하여 주님의 형상을 향해 성장해 가는 대신 비생산적인 습관에 계속 머무르고 있는 내 자신을 발견하곤 했다.

　이 습관의 빵은 너무 많은 조각과 부스러기를 내었다.

　"주님, 정말 죄송합니다."

기도를 위한 성경구절

　여호와께서 내가 태에서 나옴으로부터 나를 부르셨고 내가 어미 복중에서 나옴으로부터 내 이름을 말씀하셨으며 (이사야 49:1).

　이와 같이 너희 중에 누구든지 자기의 모든 소유를 버리지 아니하면 능히 내 제자가 되지 못하리라 (누가복음 14:33).

해방의 기적

물론 작은 변화는 있었다. 그러나 내가 기대했던 기적은 발생하지 않았다. 솔직히 말해서, 뚜렷이 확인될 수 있는 그 어떤 결과도 발생하지 않았다.

다른 빵들을 주님께 드렸을 경우에는 좋은 결과를 분명히 확인할 수 있었다. 그러나 주님께 이 습관의 빵을 드렸을 때에는 아무런 결과도 확인할 수 없었다.

그러나 드디어 나는 그 이유를 알았다. 비현실적인 예측(豫測)과 기대(期待)속에 나의 모든 삶이 예속되어 있었기 때문이었다.

비관론적인 예측과 기대도 있었으며 낙관론적인 예측과 기대도 있었다(물론 많지는 않았지만). 그러나 이들 예측과 기대는 그 대부분이 현실에 근거하지 않았다.

나는 늘 하나님께서 내가 원하는 방향으로 응답해 주시기를 기대했다. 또한 나는 나의 가족과 친구들이 내 자신의 필요와 요구에 부합되는 특정한 방법으로 내게 대해 주기를 기대했다.

마치 나와 만나게 될 모든 사람들이 사용할 가면을 미리 만들어 가지고 다니면서 "자, 여기 이 가면을 쓰세요. 그러면 당신은 내가 기대하고 예측하는 사람이 될 거예요."라고 말하는 것 같았다.

그러나 그것은 나의 뜻대로 쉽게 되지 않았다. 갑자기 나는 하나님 아버지와 나 자신을 포함한 모든 사람에게서 가면을 벗겨야 한다는 사실을 알게 되었다.

가장 잘못된 예측과 기대는 내 자신의 행동과 생각에 대한 예측과 기대. 그리고 더 나아가 내 자신의 영적 성장에 대한 예측과 기대였다.

만일 내가 주님께 나의 습관을 바치고 주님께서 일으키시는 기적을 선물로 받기를 원한다면 내 자신이 모든 기대와 예측으로부터 해방되어야 한다. 그것은 불가능한 것처럼 보였다.

빵은 탄수화물, 비타민, 무기질 등으로 구성되어 있다. 이러한 구성물들은 우리의 생명을 유지한다. 그러나 우리가 성장하기 위해서는 단백질 또한 필요하다.

우리 집 아이들의 학교 교과서가 이러한 요소들을 통칭하여 '건축용 블록'이라 비유할 정도로 우리 몸에 필수 불가결한 요소들이다.

나는 갈릴리 호숫가의 소년과 예수님의 이야기, 즉 다섯 조각의 빵과 두 마리의 생선에 관한 이야기를 다시 한 번 더 읽어보았다.

먼저 빵이 언급되었다. 이 빵들을 나는 이미 예수님께 조심스럽게 바쳤다. 그러나 소년의 도시락에는 두 마리의 생선도 들어 있었다. 소년은 성장기에 있는 아이이므로 단백질도 필요하다는 사실을 소년의 어머니는 알고 있었다. 그래서 소년의 어머니는 작은 생선 두 마리도 점심 도시락에 함께 싸 주었다.

나의 도시락을 다시 뒤져서 예수님께 드릴 두 마리의 생선을 끄집어 낼 때까지 나의 성장은 대단히 어려울 것이며, 다른 사람이 성장의 기적을 이루도록 돕기도 어려울 것이라는 생각이 들었다.

다섯 번째 빵의 그 무엇인가가 나의 첫 번째 생선의 단백질과 분명히 관계가 있을 것 같았다. 나는 나의 모든 기대와 예측들을 벽장 속의 선반 위에 잠시 얹어 놓고 생선을 끄집어내었다.

기도를 위한 성경구절

그러므로 너는 네 허리를 동이고 일어나 내가 네게 명한 바를 다 그들에게 고하라. 그들을 인하여 두려워 말라. 두렵건대 내가 너로 그들 앞에서 두려움을 당하게 할까 하노라 (예레미야 1:17).

네가 보거니와 믿음이 그의 행함과 함께 일하고 행함으로 믿음이 온전케 되었느니라 (야고보서 2:22).

제 6 장

첫 번째 생선 : 기꺼이 하는 마음

인생의 강

우리들 각자의 삶과 인생을 강이라고 생각해 보자.

작은 샘물과 분수샘, 그리고 작은 개울로부터 강에 물이 흘러 들어간다. 사람들은 강에서 물을 공급받아 그들의 농작물을 가꾸며 정원의 예쁜 잔디와 아름다운 꽃들을 관리한다. 또한 이 물을 정수하여 식수로도 사용하며 목욕물로도 이용한다.

강에 있는 모든 것들은 물위에 떠 있거나 강바닥에 가라앉는다. 아니면 강둑에 있는 나무 그루터기에 잠시 머물렀다가 어린아이들에 의해서 건져져 장난감으로 사용되기도 한다.

강에는 많은 바위가 있어서 급류와 소용돌이가 생기기도 한다. 잔잔하고 맑은 곳도 있어서 푸른 하늘과 여러 종류의 나무들이 비추어지기도 한다.

비가 많이 내리면 물결이 사나워지고 날이 가물면 물줄기가 작아지기도 하면서 강물은 쉬지 않고 바다를 향해 흘러간다. 사람들은 강에 댐을 만들어 생산성을 높이기도 하며 레크리에이션을 위한 장소로 이용하기도 한다.

그러나 댐을 만들 때는 물의 출입구를 분명하고도 조심스럽게 만들어야 한다. 댐의 둑이 터질 우려가 있기 때문이다. 댐을 만든 사람은 이러한 모든 요소를 고려한다. 그러나 댐의 둑을 바라보는 사람이나 물에서 수영하는 사람은 전체 설계를 결코 알지 못한다.

만일 우리의 삶과 인생이 강이라고 하면, 우리는 그 강을 어떻게 이용하고 사용할 것인지를 선택하고 결정할 수 있다.

우리가 싫든 좋든, 때로는 급류에 휘말리기도 하고 때로는 강둑의 나무 뿌리에 잠시 머물기도 하면서 떠밀려 흘러갈 수도 있다. 또 바위 밑에서 솟아 나와 조용하고 평온한 시간을 즐길 수도 있다. 물의 움직임을 따라 떠다니는 부스러기들을 싫어하여 흐름의 속도를 빨리 할 수도 있으며 큰 바위 뒤에 쌓여 있는 썩은 부패물을 피해 방향을 돌릴 수도 있다.

강이 흐르는 전체 과정을 아주 더럽고 추한 것으로 볼 수도 있다.

눈을 감은 채 등헤엄을 치면서 조용한 물위에 머무를 수도 있다.

급류의 모험을 마음껏 즐기면서, 생명력 넘치는 물을 한낱 급수용으로 전환시키고 마는 다목적 댐을 비웃을 수도 있다.

그러나 강물의 움직임과 활동에 대해서 우리가 어떤 태도를 취하고 어떤 반응을 선택하는지에 상관없이 강은 자기 고유의 일을 계속할 것이다.

첫 번째 생선

주님께 드려야 할 단백질 성분인 두 마리의 생선 중 첫

번째 생선은 나의 '기꺼이 하는 마음'이 되어야 했다. '기꺼
이 하는 마음'이 없이는 그 어떤 것도 이루어질 수 없었다.

예수님은 신사이시다. 내가 원하지 않는 이상 예수님께서
는 그 어떤 것도 결코 내게서 앗아 가시지 않는다.

나는 도시락 가방을 닫아 버리고 생선을 나 혼자만 가질
수도 있다. 갈릴리의 그 소년도 마찬가지였을 것이다. 갈릴
리의 그 어린 소년이 방금 만난 예수님을 믿고 자기의 귀중
한 도시락을 기꺼이 드릴 수 있었던 것처럼, 나 역시 당연
히 나의 도시락 가방을 뒤져서 '기꺼이 하는 마음'을 주님께
드려야 한다고 결심했다.

자기의 점심을 예수님께 드리면 기적이 발생하게 될 것이
라는 사실을 그 소년은 몰랐었다. 그러나 나는 그것을 안다.
성경에서 기적에 관한 이야기를 많이 읽었을 뿐만 아니라
내 스스로 기적을 경험했기 때문이다.

"주어라, 그러면 꼭꼭 눌러서 넘치도록 되어 네게 다시 돌
아올 것이다"라는 말은 내가 자라면서 들어온 말이다.

"좋습니다, 주님, 여기 저의 첫 번째 생선인 '기꺼이 하는
마음'이 있습니다."

'행하기'보다 '말하기'는 훨씬 쉽다. 나의 귓가에 "무엇을
기꺼이 한다는 말인가?" 라고 묻는 목소리가 생생하게 들려
오는 것처럼 느껴졌다. 그저 막연하게 '기꺼이 하겠다는 마
음'을 주님께 드릴 수는 없었다. 무엇을 기꺼이 하겠다는 것

인지 확인할 수 있어야 했다. 그러나 무엇을 기꺼이 하겠다는 것인지 내 스스로 확인할 수 있는 것은 하나도 없었다.

'기꺼이 가만히 앉아서' '기꺼이 내게 바친다'는 말인가?"라고 말씀하시는 주님의 목소리가 내 귓전에 들려 오는 것 같았다. 나는 "가만히 앉아 있으라. 그러면 그것은 네게 주어질 것이다."라는 구절을 발견하기 위해서 성경을 열심히 찾았다. 그러나 그런 구절은 결코 발견할 수 없었다.

그 말씀대신 예수님께서는 "일어서라." "네 손을 내밀어라." "자리에서 일어나라." "움직여라." "받아들여라." 말씀하셨다.

"가만히 있을 지어다. 그리고 내가 하나님임을 알지어다."라는 말에도 능동적으로 가만히 있어야 한다는 뜻이 포함되어 있다. 그것은 결코 행함이 없는 수동적인 동작을 뜻하는 것이 아니다.
하나님의 진리를 터득할 수 있기를 간절히 바라는 마음으로 기다려 본 사람이면 누구나 이 '가만히, 그리고 조용히 기다린다.'는 말에 능동적인 행함이 포함되어 있음을 알 것이다.

내가 명백히 확인할 수 있었던 첫 번째의 '기꺼이 하는 마음'은 내 인생의 강물에서 '수영'하는 것이었다. 즉, 막연히 물위에 떠다니거나 해안에 머무르는 것이 아니라 강물의 흐름에 내 자신의 창조적인 정력을 접합시키는 것이었다.

나는 말했다.

"주님, 주님께서 하시는 일에 제가 기꺼이 동참하고자 합니다. 아무 기적도 일으키지 못하게 하는 이 습관들을 극복하기 위해 주님께서 하시는 일에 제 자신이 직접 참여하고자 합니다. 주님께서 주관하여 처리하실 때 제가 함께 돕고자 합니다. 제가 가지고 있었던 원래의 화, 용서하지 않는 마음, 잘못된 인식, 편견 등을 주님께서 모두 치유하셨음을 잘 압니다. 그러나 일생에 걸쳐 제 몸에 배어 온 분노와 화, 용서하지 않는 마음, 잘못된 인식, 편견 등의 습관적인 행동들은 시간시간 계속 돌보고 살펴보아야 할 제 자신의 부속물들입니다."

그리하여 주님과 나는 협동작전을 폈다. 나는 간절한 마음으로 "주님, 제게 보여 주소서." 라고 기도했다. 그리고 주님께서는 내 몸에 배어 온 나의 나쁜 습관들이 어떻게 내게 작용하고 있는지를 보여 주셨다. 그 습관들은 주님께서 주신 새로운 태도에 의한 새로운 행동을 계속 밀쳐내고 있었다.

그런 상황이 발생할 때마다, 즉 내가 습관적인 반응을 일으킬 때마다 주님의 성스럽고 찬란한 빛이 내게 흘러 넘쳤으며 그 빛은 커다란 지우개로 나의 습관적인 나쁜 행동들을 계속 지웠다. 이러한 과정이 오랫동안 계속 반복되어, 드디어 부정적이고 염세적인 나의 습관들은 거의 모두 소멸되었다.

근심, 걱정의 제거

그러나 아직도 나를 괴롭히는 습관이 하나 있었다. 일생 동안 몸에 배어 온 습관은 내 뜻대로 쉽게 사라지지 않는다는 사실을 증명이라도 하듯이 이 습관은 아직도 내게서 떠나가지 않고 있다.

그것은 '근심과 걱정'의 습관이다. 비관주의의 한 형태인 이 '근심과 걱정'의 습관은 아직도 내가 거의 매일 다투고 씨름해야 하는 나쁜 습관이다.

그러나 염세주의적인 '근심, 걱정의 습관'과 씨름하여 이를 이겨내는 것은 생각처럼 그렇게 어렵지 않았다.

이미 하나님의 치유와 사랑의 손길에 의해서 근심, 걱정의 나쁜 습관들이 소멸되고 치유되었으므로 내가 해야 할 일은 그 사실을 깨닫는 것이었다. 그리하여 내가 생각했던 것보다 훨씬 쉽게 이들 습관들을 극복할 수 있었다.

나는 주님의 말씀을 기억했다. 내가 어려움에 처하고 그것을 이겨 나갈 능력이 없을 때, 주님께서는 나를 도와주시기 위해 큰 능력과 영광으로 나와 함께 계실 것이라고 말씀하셨다.

내가 해야 될 일은 협동작전(協同作戰)의 내 몫을 충실히 이행해 나가는 것이었다. 즉, 습관적인 나쁜 행동들을 인식하고 그런 습관들이 내게 나타날 때 거부의 목소리를 높이는 것이었다.

그 다음은 또 무엇을 기꺼이 해야만 하는가?

나는 수영을 해야 한다. 그러기 위해서 미리 연습하고 훈련해야 한다. 무기력하게, 아무 대책 없이 흐르는 물에 이리저리 떠밀리지 않기 위해 나의 모든 정력을 쏟아야 한다.

기꺼이 변화하려는 마음

그 다음으로 내가 해야 할 일은 '기꺼이 변화하려고 하는 마음'을 가지는 것이었다. "어떤 사람이 변화할 것이다."라고 말하는 것과 "실제 상황에서 어떤 사람이 진실로 기꺼이 변화하려고 한다."는 것은 아주 다르다는 사실을 알게 되었다.

나의 옛날 행동 방식들은 분명히 불편한 행동 방식이었음에도 불구하고 편안함을 느꼈다. 이치에 맞지 않는 말처럼 들릴지 모르지만 나는 분명히 그 사실을 피부로 느꼈다.
어려운 상황을 벗어나기 위해 새로움에 도전하기 보다 어려움을 겪더라도 차라리 내 몸에 베인 옛날 방식대로 살기를 원했던 경우가 많았다.

어렸을 때부터 학대받고 구타 당해온 여인들은 학대하고 구타하는 남자와 결혼하는 경우가 많다. 그런 여인들은 학대와 구타에 익숙해 있고, 또 자기 자신이 사랑스럽지 못하고 귀엽지 못하다고 하는 느낌을 마음 속 깊숙히 가지고 있다. 그래서 "나는 처벌받고 학대받고 구타당해야 할 필요가 있다"는 감정을 무의식 속에서 느끼고 있는 것이다.

감정적인 학대의 경우도 마찬가지이다. 어떤 사람이 '창피'를 계속 당하게 되면 그 사람의 무의식 속에는 '창피'를 흡입하는 작은 비밀 통로가 만들어져 자기도 모르게 '창피'를 스스로 받아들이려고 하는 경향을 가지게 된다.

어렸을 때 강압적인 환경에서 살아 온 여자는 강압적인 남자와 결혼하는 경우가 많다. 그리고 아마 수 년 동안 그것이 잘못된 환경이라는 사실을 느끼지 못한 채 살아갈 것이다. 그러나 기독교인으로서 성장하기 위해서는 현 상태로부터의 변화(變化)를 경험해야 한다.

기꺼이 변화(變化)하려고 하는 의지(意志)를 주님께 드려야 할뿐만 아니라 최초에 하나님께서 나를 창조하신 모습과 상태로 더욱 가까이 성장(成長)하려고 하는 의지도 함께 주님께 드려야 한다. 그것이 항상 쉽거나 즐거운 것만은 아니다. 열두 살 된 어린이가 더 크게 성장하기 위해서는 성장을 위한 다리 근육의 아픔을 밤에 느껴야 하듯이, 우리가 완전을 향해 성장할 때 우리 영혼의 근육도 아픔을 경험하게 된다.

나의 첫 번째 생선의 한 조각인 '성장하고 변화하려는 나의 작은 의지'를 주님께 드렸을 때 주님께서는 나의 생선 조각을 받으신 후 귀중한 선물을 내게 주셨다. 즉 "내가 주님을 라 부를 수 있고 그의 형상을 향하여 성장해 갈 수 있다"는 약속을 선물로 주신 것이다.

“주님, 비록 제 자신은 쉬운 길을 선호하지만 힘들더라도 주님께서 원하시는 길을 향해서 움직여 나가겠습니다. 주님께서 기적을 만드시기 위해서는 빵 뿐만 아니라 생선도 있어야 함을 저는 잘 알고 있습니다.”

상처를 기꺼이 감수하려는 의지

첫 번째 생선의 또 다른 한 조각은 더 쉽게 확인되었다. 그것은 “내가 기꺼이 상처를 감수하려는 의지를 가져야 한다”는 것이었다.

하나님과 우리들과의 관계를 다시 회복시키기 위해서 예수님께서도 고통을 감수하셨다. 마찬가지로 내가 예수님의 형상을 향해 성장하기 위해서는 상당한 고통을 감수해야 했다.

나는 상처를 받아야 했다. 어떤 사람으로 하여금 내게 화를 내도록 만들어야 했고 심지어 내게 상스러운 말을 하도록 만들어야 했으며 그로 인해 나는 마음의 상처를 받아야 했다.

내가 정직하게 내 자신의 느낌과 연약함과 부족함과 완전하지 못함을 받아들였을 경우 역시 마음의 상처를 감수해야 했다. 자기 중심적이며 이기적인 내 자신을 알게 되고 그래서 하나님께 그러한 나를 용서해 달라고 요구했을 때에도 마음의 상처를 받아야 했다.

늘 함께 기도했던 나의 기도 동반자인 낸시는 어떤 상황에서도 직접 부딪치는 것을 싫어했으며 항상 남에게 양보하고 물러서는 태도를 취했다. 낸시는 이제 그러한 태도에 익숙해 있었지만 낸시를 바라보는 내 마음은 아팠다.

현 상태를 그대로 유지하거나, 아니면 변화와 새로움과 성장으로부터 오는 아픔을 기꺼이 감수하겠다는 의지를 주님께 드리는 둘 중의 하나를 선택해야 했다.

"아야, 아이 아파! 주님, '상처를 기꺼이 감수하려는 의지'의 이 생선은 안쪽 어딘가에 무척 날카로운 가시가 있는 것 같습니다."

얼마 후, 나는 우리에게 닥치는 모든 일에 대해서, 우리가 일으키는 모든 반응에 대해서, 우리가 가지는 모든 종류의 감정에 대해서, 그리고 우리가 접촉하는 사람들에 대해서 우리들 각자가 선택을 하고 있다는 사실을 알게 되었다. 내가 그 사실을 알든 모르든 나는 선택을 하고 있었다.

나는 하나님의 이 무한한 선택의 선물에 대해서 놀라움을 금할 수 없었다. 내가 아직 어린 아이였을 때에도 삶에 어떻게 접근할 것인가에 대해서 어느 정도는 내 자신이 선택을 했었다.

주님께 '기꺼이 하겠다는 나의 의지'를 드리면서 내가 발견한 가장 놀라운 사실 중의 하나는 "내가 나의 의지를 드리기로 선택했다."는 사실이었다. 이제 나는 그 선택에 대한 책임을 받아들일 자세가 되어 있어야 한다. 내가 저지른 어떤 잘못에 대해서 죄의식에 사로 잡혀서도 안되며 어떤 실수에 대해서 비난을 해서도 안된다. 그리고 내가 선택한 상황을 받아들여야 한다.

'기꺼이 하는 마음'은 작은 생선이었다. 그러나 내 인생에 있어서 커다란 변화를 주는 열쇠였다.

기도를 위한 성경구절

여호와의 자비와 긍휼이 무궁하시므로 우리가 진멸되지 아니함이니이다. 이것이 아침마다 새로우니 주의 성실이 크도소이다. 내 심령에 이르기를 여호와는 나의 기업이시니 그러므로 내가 저를 바라리라 하도다 (예레미야애가 3:22-24).

모든 이론을 파하며 하나님 아는 것을 대적하여 높아진 것을 다 파하고 모든 생각을 사로잡아 그리스도에게 복종케 하니(고린도후서 10:5).

성령의 선물

책임과 비난

나를 첫 번째 생선의 기적으로 직접 인도했던 것은 '책임'을 기꺼이 받아들이고 '비난'을 중지하려는 의지였다.

어떤 상황에서 내가 내린 결정을 내가 받아들인다면 다른 사람들 역시 하나님께서 그들에게 주신 어떤 상황이 있다고 하는 사실을 인정해야 한다. 따라서 나는 그들의 행동이나 느낌에 대해서 비난하지 않을 자유를 가지게 된다.

이 첫 번째 생선은 내 한 입 가득하였다. 내 인생의 강 어귀에서 눈부시게 빛나고 있는 이 첫 번째 생선의 거룩하고 성스러운 사랑의 빛을 보았을 때, 나의 모든 행동들은 결국 예수님과 나 사이의 문제라는 사실을 알게 되었다.

비록 나의 행동이 다른 사람의 생활에 우연히 영향을 미친다 하더라도 그것은 주님에 의해서 여과된다. 따라서 어떤 상황에 대한 개개인들의 반응 또한 주님과 그들과의 관계이다.

내가 어떤 사람을 불행하게 하고 화나게 하고 좌절하게 '만들 수' 없다는 사실을 알아야 한다. 왜냐하면 나의 행동에 대해서 그 사람 스스로가 불행하게 생각하고 화내고 좌절했기 때문이다. 이렇듯 내게 어떻게 반응할 것인가 하는 것은 그 사람 스스로가 결정하는 것이다.

마찬가지로, 내가 그 사람에 대해서 어떻게 반응할 것인가 하는 것은 내 스스로가 결정한다. 나는 주님의 손을 꼭 붙잡고 다른 사람과의 관계에 대한 이 새로운 접근 방법을 시도하였다.

어느 날 이웃집 아주머니가 나를 찾아 왔다. 우리 집 잔디의 배수 도랑에서 물이 흘러 넘쳐 자기 집 잔디를 적셨다면서 항의하기 위해 찾아 온 것이었다.
배수 도랑을 제대로 만들지 못한 것은 나의 잘못이었으며 실수였다. 이웃집 아주머니의 행동에 대해서 나는 아주 새로운 반응을 선택하였다.

첫 번째 생선의 기적은 발생하기 시작했다.

나는 그녀에게 이렇게 말할 수 있었다.

"제가 잘못했어요. 도랑을 잘 만들려고 했는데 그만 이렇게 되어 버렸군요. 제 잘못으로 아주머니의 잔디가 젖게 되어 정말 미안합니다. 아주머니가 원하지 않을 때에 잔디에 물이 주어지는 것을 지금으로서는 피할 방법이 없으니 그것에 대해서 제가 아주머니께 보상을 해 드릴 수 있는 방법을 찾아야 되겠군요. 제가 어떻게 해 드리면 좋을까요? 어떤 방법이 있을까요?"

나는 내 잘못에 대한 책임을 완전히 받아 들였다. 그리고
이웃집 아주머니가 가진 화의 감정이 더 이상 나의 감정을
지배하지 못하도록 내 스스로를 잘 다스리면서, 이웃집 아
주머니로 하여금 계속 화난 상태로 있거나 아니면 사랑의
선물을 발견하는 둘 중의 하나를 선택하도록 제시할 수 있
었다.

이처럼 내가 이웃집 아주머니에게 선택을 제시할 수 있었
던 이유는, 주님께서 내게 어떤 일에 대해 다른 사람이 선
택한 반응을 비난하지 않을 수 있는 자유를 주셨기 때문이
었다. 그래서 나는 이웃집 아주머니로부터 내 자신을 방어
할 필요가 없었을 뿐만 아니라 그 상황을 통해서 성스러운
사랑이 흘러 넘치도록 하는 자유를 가질 수 있었다.

성령님의 열매

나의 모든 나쁜 습관들을 기꺼이 주님께 바치고 새로운
행동을 받아들이려고 하는 나의 의지는 주님과 나의 관계를
새롭게 했을 뿐만 아니라 '새로운 평화'를 가져오기 시작했
다.

주님의 말씀에 충실하면서 첫 번째 생선을 주님께 바쳤을
때 주님께서는 그 생선을 받으셔서 바구니가 가득 차도록
만드셨다.

나는 갈라디아서 5장 22-23절에 있는 성령님의 열매를
생각하였다. 내가 나의 생활에서 그런 열매를 얻을 수 있는
것만큼, 화, 용서하지 않음, 잘못된 개념, 편견, 그리고 습
관들이 부정적인 요소로만 머무르지 않고 오히려 긍정적인
힘으로 바꾸어져 간다는 확신을 할 수 있었다.

사랑

성령님의 첫 번째 열매는 사랑이다.

내가 다른 사람을 용서할 때, '용서하지 않음'의 단단한 바
위가 놓여 있던 바로 그곳으로 다른 사람들을 위한 더 많은
'사랑'이 흘러 들어오고 있었다. 내가 내 육체의 아버지와 하
나님 아버지를 용서했을 때 아버지와 딸의 새로운 관계가
가능하였다.

나는 보다 더 많은 성스러운 사랑을 갈구하기 시작했다.
마침내 나는 하나님 아버지께 성스러운 사랑을 갑절로 달라
고 기도하였다. 나는 엘리사와 엘리야의 이야기를 읽었다
(열왕기하 2:9). 엘리사는 엘리야의 영을 갑절로 요구하였
다. 내게 있어서 더 많은 사랑이 그 무엇보다도 필요할 것
같았다.

더 많은 성스러운 사랑을 위해 간절히 기도했을 때, 마치
내 몸과 정신이 찢겨 나가는 것처럼 사랑의 홍수가 내게 밀

려오는 것을 느꼈다. 마치 내 몸 안에 수도관이 들어 있어서 그 수도관이 터질 정도로 주님의 사랑의 물결이 힘차게 흘러 들어오는 느낌이었다.

나는 울고 몸부림치며 괴로워했다. 그러나 얼마 후 나는 분명한 변화를 느꼈다. 내가 일부러 애쓰지 않아도 다른 사람들이 내게서 더 많은 사랑을 받고 있었다. 거기에는 내 자신의 감정이 포함되어 있지 않았으므로 그것은 나의 사랑이 아니라는 사실을 이해할 수 있었다. 그것은 바로 주님의 사랑이었다.

희락

성령님의 두 번째 열매는 희락이었다.

아주 신기하게도, 행복을 바라고 기대하는 습관을 내가 진실로 포기하게 되었을 때 '주님으로부터의 희락'이 그 공백을 메우면서 내게 다가왔다.

현명하신 우리 주님께서는 이렇게 가르쳐 주셨다.

"희락은 풍토이며 행복은 기후이다."

내가 '행복의 기후'에 대해서 더 이상 관심을 가지지 않게 되었을 때 비로소 '희락의 풍토'를 즐길 수 있게 되었다.

'우울증과 부정적 사고 방식'이 '전염병'이라고 한다면 '희락'은 '전염건강'이라고 할 수 있다. 염세주의에 대한 예방접종을 받게 되면 우리 스스로가 희락을 위한 매체가 될 수 있다.

사랑의 하나님께서 인도하시는 대로 모든 일을 바라보기 시작하면 담갈색으로 보이던 세상이 놀라움으로 가득 찬 희망의 세상으로 바뀌게 된다.

화평

성령님의 그 다음 열매는 화평(和平)이다.

커다란 바위가 물의 흐름을 정지시킨 채 죽은 동물의 시체까지 포함한 온갖 찌꺼기를 모으면서 역압력의 와류를 형성함으로써 만들어지는 '고요'는 진실한 화평이 아니다.

진실한 화평은 견고하면서도 쉬지 않고 움직이는 우리 삶의 기초이며 우리 삶을 강화시키는 원천이다.

'변화하려는 의지'와 '상처를 감수하려고 하는 의지'를 기꺼이, 그리고 진지하게 주님께 드리기 시작하면 예전에 있는 지조차도 몰랐던 새로운 종류의 화평이 나의 삶에 흘러 들어올 수 있다.

필요하다면 고통까지도 받아들이겠다는 의지를 가지게 된다면 상처받는 것으로부터 우리 자신을 방어하기 위해 그렇게 애쓰지 않아도 될 것이다.

나는 실망하지 않기 위해 항상 조심해 왔다. 다른 사람을 실망시키거나 내 자신이 실망할 가능성이 있다고 하는 사실이 언제나 나의 마음을 무겁게 누르고 있었다. 그것은 무척 견디기 어려웠다.

"나는 너에게 실망했다."는 말은 나의 사기를 가장 저하시키는 표현 중의 하나였다.

그런데, 어느 날 하나님께서 주신 붉은 지우개로 염세주의의 습관들을 조심스럽게 지우고 있는 동안 나는 '실망'이 '염세주의'와 아주 가까운 관계이며, 또한 성스럽지 않고 생산적이지도 않다는 사실을 깨닫게 되었다.

고양이 캣시에게 어떤 것이 가장 좋은 것인지 내가 잘 알고 있었던 것 이상으로, 나에게 어떤 것이 가장 좋은 것인지 하나님께서 더 정확히 알고 계신다는 사실을 확신할 수 있었다.

그 동안 나는 하나님 아버지와 게임을 하고 있는 것처럼 행동하면서, 만일 내가 계획했더라면 훨씬 더 잘 했을 것이라는 생각을 하고 있었는지도 모른다. 그러나 하나님께서는 내가 무엇을 해야 하고 무엇을 하지 말아야 하는지를 잘 알고 계시며 내게 유리하도록 모든 상황을 조절하신다. 따라서 실망할 필요가 없게 된다.

내게 대단히 좋은 경험이 될 것이라고 여겼던 기회를 놓치게 되어 괴로워하고 슬퍼하고 실망했던 적이 많았지만 그 일은 내게 좋지 않는 경험이었음이 틀림없다. 하나님 아버지께서 나로 하여금 그 경험을 하지 못하도록 미리 막으셨으므로 나는 하나님 아버지께 감사해야 한다.

아! 이 얼마나 놀라운 일인가?

"하나님 아버지, 감사합니다. 제가 참석하고 싶었던 그 연주회를 놓치도록 해 주셔서 감사합니다. 제가 참석해야만 한다고 생각했던 그 결혼식에 교통 혼잡으로 인해 참석하지 못하도록 해 주셔서 감사합니다. 제가 무척 기대했던 그 사교 모임에 참석하지 못하도록 다른 선약을 만들어 주셔서 감사합니다. 저의 영적, 정서적, 육체적인 삶에 크게 손해가 될 수 있었던 경험들로부터 저를 보호해 주셔서 감사합니다."

처음에는 내 자신이 앞뒤를 분간하지 못하는 비현실적인 바보처럼 느껴졌다. 그러나 현실적이건 비현실적이건, 나는 더 건강하고 행복했다. 그리고 내 마음 깊은 곳에서 새로운 평화가 넘쳐나고 있었다.

나는 이제 진실로 "만약 내가 그 사교 모임에 가는 것이 더욱 좋았다면 모임에 가도록 인도되었을 것이다."라고 말할 수 있다. 그것은 새로운 선택이었다. 물론 가끔씩 그 선택을 망각하기도 했다. 그러나 머지 않아 염세주의와 근심, 걱정, 실망 등의 어둡고 음침한 무리들로부터 내가 완전히 해방될 것을 믿는다.

우리 본성의 염세주의적인 요소는 예수님의 사랑과 전혀 부합되지 않는다는 사실을 우리 모두는 알아야 할 것이다.

인내

성령님이 우리에게 주시는 그 다음 열매는 인내(忍耐)이다.

내가 주님께 화를 드리고 난 뒤 내 마음 속 깊은 곳에 인내가 자리할 넓은 공간이 생겨난 것을 인식하고는 놀라움을 금할 수 없었다.

샘물은 땅을 질퍽하게 만들면서 많은 공간을 차지한다. 잘 솟아나는 샘물의 경우에는 더 많은 공간을 차지한다. 급수관을 통해서 샘물의 물을 가까운 정원으로 연결시켜 놓으면 샘물이 차지했던 질퍽했던 땅은 우리가 새로 개발하고 사용할 수 있는 좋은 땅이 된다.

화를 주님께 바치고 나면 이해(理解)하는 마음이 생기게 된다. 그리하여 다른 사람을 대할 때 그들을 완고하고 비천한 사람으로 보는 대신 상처받은 사람, 우리의 도움을 필요로 하는 사람으로 볼 수 있게 된다.

그러한 눈으로 다른 사람을 대하게 되면 다른 사람에게 무리한 요구를 하지 않게 된다. 우리 자신의 욕구를 채우기 위해서 다른 사람에게 무리하게 요구하는 것을 삼가게 된다. 가만히 앉아서 그들이 나의 시중 들어주기를 요구하지 않게 된다.

그러나, 우리의 행동을 정확히 관찰해 보면, 종종 정서적인 불구자로부터 정서적인 도움을 요구하며 영적으로 불완전한 사람에게서 영적인 인도를 요구하고 있는 우리 자신을 발견하곤 한다. 또한 우리가 요구한 것을 받지 못했을 때 우리의 마음 깊은 곳에서는 노여움이 생겨나기 쉽다.

예수님께서는 사도들에게 이렇게 말씀하셨다.

"누구든지 나를 따르고자 하는 사람은 자기 자신을 부인하고 십자가를 지고 나를 따르라"

우리가 마음 속 깊은 곳에 있는 우리 자신에 대한 방어물을 주님께 드리고 우리 자신을 부인할 때, 정말로 다른 사람에 대한 인내심 있는 이해가 생기게 된다.

친절함과 착함

친절함과 착함은 성령님으로부터 우리가 얻게 되는 그 다음의 두 가지 열매이다.

성령님의 열매가 내게 열리기 전까지는 주님께서 다섯 조각의 빵과 두 마리의 생선을 받으시고 그것으로 열매를 가득 만드셨다는 사실을 알지 못하였다.

내 잠재의식 속에서 행복해야 되고, 착해야 되고, 일을 빈틈없이 잘 해야 되고, 즐거워야 된다는 압박감을 느끼는 습관이 사라지게 되자 다른 사람들에게 친절하고 상냥하게 대하는 것이 훨씬 수월해졌다.
또한, 비판(批判)하고 결정(決定)하고 강요(强要)하는 습관을 극복했을 때, 내 인생의 강물 위에 다른 사람에 대한 더 많은 친절과 자비와 보살핌이 떠 있음을 확인할 수 있었다.
이러한 습관들 때문에 지금까지 나는 성령님의 친절과 인자하심으로부터 격리되어 있었던 것이다.

'착하게 된다'는 사실 또한 나를 놀랍게 만들었다. 착해지기 위한 노력을 중지하게 되었을 때 '주님의 착하심'이 나를 통해 흐를 수 있는 공간이 만들어지게 되었다. 내 자신을 '착한 여인'이라고 생각할 필요가 없어졌으며 내 자신에 대해 신경써야 할 이유도 없어졌다. '착해지기' 위해서 내 자신이 느력하지 않고도 하나님께서 나를 통해 착하심을 행하고 계신다는 사실을 발견하게 된 것은 바로 이 순간이었다.

'착해지는 것'과 그 외 다른 '---해지는 것'들은 우리가 그것들을 기꺼이 주님께 드릴 경우에만 사라질 수 있다. 그것들이 만들어 낸 습관들도 함께 드려야 함은 물론이다.
만일 주님께 드린 다른 빵들처럼, 이 습관들도 빨리 처리할 수 있었다면 나는 지금보다 훨씬 더 '완전함'에 가까이 접근해 있을 것이다.

내가 주님께 기꺼이 그리고 진지하게 바칠 수 있었던, 내 인생의 강에 떠 있던 습관의 더러운 찌꺼기들은 주님과 나의 관계를 더욱 깊이 있게 만들 수 있는 공간을 마련해 주었다.

주님을 뵈었을 때 그것은 마치 주님을 우리 집의 응접실로 맞아들이는 것 같았다. 그 다음 주님을 부엌으로, 침실로, 목욕탕으로, 그리고 다용도실로 안내하였다. 마침내 내가 주님을 보일러실과 처마 밑의 작은 다락방으로 안내하였을 때 나는 주님을 사랑스럽고 신의 있는 친구로서 느끼기 시작하였다.

주님께서는 내가 가진 마음의 상처들, 노여움의 조각들, 오해, 허탈함, 두려움 등을 모두 받으셔서 그것들을 함께 모아 아름다운 꼴라주를 만드셨다. 그 꼴라주는 다른 사람으로 하여금 주님을 믿고 그들이 가지고 있는 쓰레기들도 주님께 드릴 수 있도록 도왔다.

주님은 이 우주의 창조주이실 뿐만 아니라, 친절하고 다정한 나의 친구임이 밝혀졌다. 내가 그 외 다른 습관의 도깨비들을 발견하고 그것을 주님께 드릴 때마다 나는 주님을 새로운 차원에서 이해하게 되었다.

신의

주님과 나와의 우정이 더 깊어지게 되자 일곱 번째의 열 매인 신의(信義;faithfulness)가 분명히 드러나 보였다.

내가 더 이상 화, 용서하지 않음, 잘못된 개념, 편견, 두 려움 등에 얽매어 있지 않게 되자, 나의 친구 주님께 더욱 충실하고 신의로울 수 있는 길을 찾기 위해 더 많은 시간과 정력을 쏟을 수 있게 되었다.

나는 주님을 더 많이 찬양할 수 있었으며, 주님과 함께 즐기고 주님과 함께 슬퍼하고 주님과 함께 일할 수 있었다.

나 대신 주님이 첫 번째가 될 수 있긴 했지만 그것은 단 지 희미한 불빛처럼 내 앞에 나타날 뿐이었다. 나는 그 불 빛을 자주 잃어버리기도 했으며 때로는 실의에 빠지기도 했 다. 그러나 다섯 조각의 빵과 두 마리의 생선을 주님께 드 리기 이전을 돌이켜 보고는 우리가 즉 주님과 내가 완전을 향한 작업을 진행하고 있다는 사실을 다시 깨닫곤 했다.

그렇다. 주님께서는 나에 대한 주님의 선물을 나의 자유 의사에 의해 선택하도록 하셨다. 그럼에도 불구하고, 나는 주님께서 단순히 기다리시는 것이 아니라 내가 기꺼이 선택 한 방향으로 나를 살며시 밀고 계심을 느낀다.

친절

주님께 나의 첫 번째 생선을 드리게 되었을 때, 지금까지의 나는 친절하고 정다운 사람이 아니었다고 하는 새로운 사실을 깨닫게 되었다.

주님께서는 나의 첫 번째 생선을 받으셨다.

나는 습관과 투쟁을 하고 있었고, 상처를 받으면서도 성장하기를 선택하고 있었으며 내 인생의 강에서 수영하는 것을 익히고 있었다. 바로 그때 친구가 내게 말했다.

"갑자기 너는 친절해졌어. 무슨 일이야?"

나는 놀라서 되물었다.

"언제는 내가 친절하지 않았었니?"

"물론이지. 너는 친절하고 정다운 사람이 아니지."

"오. 맙소사."

자신에게 닥치게 될지도 모를 여러 종류의 상처들로부터 자신을 방어하기에 급급한 사람들은 절대로 친절하거나 정다워질 수 없다. 그런 사람들은 잠재의식의 어느 어두운 곳에 간직하고 있는 약한 상처 또는 어린 시절의 상처를 다른 사람이 건드리지 못하도록 하기 위해서 거친 태도로 남을 대하고 또 멀리하게 된다.

내가 예수님의 치유의 사랑을 받아들이고 예수님께서 나

의 상처를 받으셔서 변화시키게 되자 나는 더 이상 다른 사
람들에게 거칠게 대해야 할 필요가 없게 되었다. 그것은 충
격이었고 놀라움이었다. 나는 사실을 정확히 알 수 있어서
무척 기뻤다.

자제

　자제(自制)는 사도 바울이 설명하고 있는 성령님의 마지
막 열매이다.

　나는 내 자제력(自制力)에 대해서 늘 자부심을 가져 왔다.
내가 어떻게 느끼고 있는지에 대해서 아무도 모른다고　늘
생각해 왔다. 그런데 그렇지가 않았다.

　내가 어떻게 느끼고 있는지를 내 자신보다 나의 친구들과
가족들이 더 잘 알고 있다는 사실을 깨닫게 되었다. 나는
내 자신을 잘 다스리고 있다고 생각하고 있었지만, 나의 행
동은 내 무의식의 감정에 의해서 다스려지는 경우가 많았다.

　어린아이들은 어른들의 마음 속 깊은 곳의 기분에 특히
민감하다. 한번은, 집에서 화가 난 적이 있었다. 그러나 겉
으로는 화를 완전히 숨기고 있었다. 그런데 나의 어린 딸이
시무룩한 표정으로 내게 물었다.

　"엄마, 왜 화를 내고 계신 거예요?"

나는 깜짝 놀랐다.

"응, 엄마는 화내고 있지 않아. 왜 너는 엄마가 화를 내고 있다고 생각하니?"

내 딸은 조그마한 눈썹을 치켜올리면서 대담하게 말했다.

"엄마 혀가 약간 꼬부라지고 있잖아요?"

내 딸의 말이 맞았다. 분명히 나는 화를 내고 있었다. 입을 다문 채 조심스럽게 말을 하고 있었는데 어떻게 내 딸이 나의 혀가 꼬부라졌다는 사실을 알았는지 나로서는 알 수 없었다.

나는 분명히 화를 잘 억제하고 있었지만 내 마음 속 깊은 곳에서는 상처를 입고 있었고, 내 인생의 즐거움이 손상을 입었으며, 우리 집 아이들은 당황하고 있었다.

사도 바울이 설명하고 있는 자제는 우리가 생각하고 있는 것과는 전혀 다른 의미의 자제임에 틀림없다.

나의 삶에서 나의 자아를 진실로 다스릴 수 있는 유일한 시간은 내가 나의 진실된 감정과 느낌을 확인한 다음 그것들을 주님께 기꺼이 드림으로써 주님께서 나로 하여금 자제할 수 있도록 도와주실 때이다.

내 마음 속 깊은 곳에 있는 감정과 느낌을 정직하게 확인한 다음 나로서는 그것을 완전히 이해하고, 다스리고, 처리할 수 없다는 사실을 인정하게 될 때, 주님께서는 그것을 받으셔서 나를 도와주신다. 뿐만 아니라, 바깥으로 표출되는 나의 행동도 아무런 꾸밈없이 자연스럽게 이루어질 수 있게 된다.

나의 자아는 그것을 창조하시고 또한 그것을 정확히 아시는 분에 의해서 다스려지게 된다. 따라서 나는 나의 자아를 다스려야 하는 일로부터 해방될 수 있으며 그 결과에 대해서도 만족할 수 있다.

어떤 함정도 쉽게 발견해서 피할 수 있고, 부족과 필요를 쉽게 예상하고 채울 수 있으며, 자기 중심적이 되지 않고 하나님의 사랑으로 행할 수 있게 된다.

예수님께서는 자기 자신을 다스리는데 전혀 신경을 쓰실 필요가 없다. 예수님과 하나님은 결국 하나이시기 때문이다. 따라서 내가 하나님께 더 가까이 갈수록 내 자신을 다스리는 일에 신경을 덜 써도 될 것이다. 그것은 영광스러운 목표이다. 나는 아직도 그 목표로부터 먼 거리에 있지만, 그러나 적어도 그 가능성을 보았다!

기도를 위한 성경구절

내게 능력 주시는 주님 안에서 내가 모든 것을 할 수 있느니라
(빌립보서 4:13)

능히 너희를 보호하사 거침이 없게 하시고 너희로 그 영광 앞에 흠이 없이 즐거움으로 서게 하실 자 곧 우리 구주 홀로 하나이신 하나님께 우리 주 예수 그리스도로 말미암아 영광과 위엄과 권력과 권세가 만고 전부터 이제와 세세에 있을지어다. 아멘 (유다서 23-24).

제 7 장

두 번째 생선 : 상상력, 독창력, 경험

두 번째 생선의 발견

대단히 명석할 뿐만 아니라 마음도 무척 평화로와서 세상 물질이 없이도 늘 행복하게 지내는 한 노인을 상상해 보자.

그는 바닷가의 작은 오두막집에 살면서, 고기를 잡아서 식사를 하고 또한 그림을 즐겨 그리면서 지낸다(그는 훌륭한 예술가이다). 입을 옷도 몇 벌 되지 않으며 가구도 몇 개 없지만 그는 인생을 유감없이 즐기면서 살고 있었다.

그의 그림은 세계적으로 유명하다. 그는 세상 사람들의 눈에 비치는 자신의 위치나 처지에 대해서는 의식하지 않는다. 그는 검소하게 사는 방법과 따뜻하게 사랑하는 태도를 알고 있다. 그는 생활 속에서 접하게 되는 모든 살아있는 것들을 사랑으로 대하고 귀히 여긴다.

어느 날, 한 어린 소녀가 모래 언덕 위에서 그림을 그리고 있는 이 노인을 발견한다. 노인이 남루한 옷을 입고 있었기 때문에 소녀는 이 노인이 가난한 사람이라고 생각했다.

그러나 그것은 전혀 문제가 되지 않았다. 왜냐하면 소녀 자신도 가난했기 때문이다. 노인이 천연물감들을 잘 배합해 가면서 화폭에 아름다운 그림을 그려 나가는 모습을 소녀는 오랫동안 지켜보면서 황홀경에 빠져들었다.

이 신기한 노인을 보면 볼수록 어린 소녀는 더욱 더 그에게 매료되어 이 어린 소녀의 가슴에는 소녀 자신도 알 수 없는 사랑이 솟아났다. 또한 이 노인과 무엇인가를 나누고 싶다는 마음이 강하게 생겨났다.

소녀는 집으로 달려가서 몇 개 되지 않는 그녀의 물건들을 뒤져 보았다. 하지만 소녀는 화가 노인에게 줄만한 물건을 쉽게 발견할 수 없었다. 그러나 소녀는 그 어떤 것이든 기꺼이 노인에게 드리고 싶었다.

소녀는 오랫동안 곰곰이 생각한 후 노인에게 드릴 수 있는 유일한 물건은 자기가 아끼던 작은 물감병이라고 결정을 내린다. 그것이 노인에게 좋은 선물이 되기를 바라면서 소녀는 조심스럽게 물감병을 예쁜 종이로 포장했다.

약간은 흥분되고 수줍은 마음으로 소녀는 그 선물을 노인의 손에 건네주었다.

소녀는 수줍은 듯이 말했다.

"할아버지, 이것은 정말 작고 보잘것없는 물건이예요. 별로 값어치도 없어요. 그러나 할아버지, 기꺼이 이 물건을 받아 주세요. 저의 작은 성의이니 받아 주시면 고맙겠어요."

소녀의 얼굴은 홍당무처럼 붉어졌고 이내 도망치듯이 그곳을 빠져나가려고 했다. 그러나 노인의 다정스런 손이 그녀를 붙잡아 자기에게로 당겼다. 그리고 부드러운 목소리로 말했다.

"애야, 고맙다. 네가 내게 준 이 물건을 항상 아끼겠다. 네게는 이 물건들이 별로 보잘것없는 것처럼 보일지 모른다.

그러나 이 선물은 대단히 훌륭한 선물이란다. 네가 내게 준
물건이 무엇인지 아느냐?”

소녀는 놀란듯이 고개를 옆으로 흔들었다. 그것은 생활
필수품을 제외하고 자기가 가지고 있었던 유일한 물건인 작
은 물감병에 불과하다.

노인은 따뜻한 미소를 지으면서 그리고 물감병을 손으로
어루만지면서
“이 물감들이 바로 3원색이란다. 이 3원색으로부터 우주
의 모든 색깔이 만들어지지. 네가 내게 준 선물인 이 물감
들을 사용하여 나는 여러 가지 색조가 어우러진 아름다운
석양을 그릴 수 있단다. 모든 생명 있는 것, 우리의 꿈, 먼
하늘의 모든 색깔과 빛도 그릴 수 있단다. 놀랍지 않니?”

어린 소녀는 너무 놀라서 말문이 막힐 지경이었다. 소녀
의 눈은 새로운 행복으로 빛났고 소녀는 발끝으로 서서 노
인의 뺨에 입을 맞추었다.

세 가지 색깔로 이루어진 이 어린 소녀의 선물과 같은,
나의 두 번째 생선이 만들어졌다.

나는 예술가이신 주님께 먼저 두 개의 물감통을 선물로
드렸다. 나는 그 선물이 너무나 작고 보잘것없는 것 같아서
떨리는 마음으로 주님께 바쳤다. 그것은 내 정신세계의 모
든 것, 즉 나의 ‘상상력(想像力)’과 ‘독창력(獨創力)’이었다.

이 은밀한 선물로 주님께서는 무엇을 하실 수 있을까 하
고 나는 생각하였다.

상상력

어린 시절 나는 어머니께 완전히 통제받고 있었기 때문에 나의 생활은 언제나 어두운 갈색이었다. 심지어 학교에 가는 것조차도 통제받아 집에 머물러 있어야 했고, 다른 아이들과 어울려 노는 것도 될 수 있는 한 억제되었다. 부드럽고 순한 음식을 먹도록 강요당했으며 바깥 세상으로부터 철저히 차단되었다.

단일 내가 결혼할 나이에도 잘 알지 못했던 몇 가지 사실들을 우리 집 아이들에게 이야기 해 주면 틀림없이 깜짝 놀랄 것이다. 그런 수준의 상식은 그들이 다섯 살 정도 되었을 때 이미 알았기 때문이다.

나는 세상에 대한 부족한 상식을 보충하고 올바른 판단력을 키우기 위해 엄청난 상상력을 동원해야만 했다.

한번은 결핵에 감염된 것으로 잘못 진단되어 1년 가까이 침대에서 생활한 적이 있었다. 나중에 결핵이 아닌 것으로 판명 났지만, 어쨌든 나는 1년 남짓한 세월동안 침상에서 격리된 생활을 해야만 했다. 지루한 시간을 극복해 나가기 위해 나는 모든 흥미 있는 사람들, 동물들, 색깔, 음악 등으로 상상력의 날개를 폈다.

나는 낱말 찾기를 무척 좋아하였으며 많은 시간을 사전에서 낱말을 찾으며 보냈다. 그 외 내가 읽을 수 있는 모든 책은 다 읽었으며 심지어 깡통이나 포장지의 겉봉에 있는

것까지도 상세하게 읽었다. 그러나 결국 사전을 가장 좋아
하게 되었다.

내가 만든 낱말 목록표를 가지고 이런 저런 방법으로 뜻
을 변화시켜 보기도 하고 음률을 맞추어 보기도 했으며 동
의어와 반대말을 만들어 보기도 했다. 그 낱말들로 색깔을
만들기도 했으며(실제 세계보다 항상 더 밝고 찬란하게) 음
악을 만들기도 했다. 그 낱말을 이용하여 사람, 동물, 꽃,
새, 심지어 돌과 대리석 등에 이르기까지 종류별로 분류해
보기도 했다. 낱말들로 온갖 종류의 설계를 했으며 그 위에
색칠을 하기도 했다.

나는 내 상상 속에서 많은 놀이 친구를 가지고 있었다.
내 상상 속의 놀이 중에서 가장 좋았던 것은 대화 놀이였다.
대화 놀이에서 나는 상처받은 사람들이나 동물들을 돕고 위
로할 수 있는 지혜를 얻게 되었다.

주님께 드리기 위해 내 어린 시절의 상상의 세계를 돌이
켜 보았을 때, 그 상상의 세계는 내 어린 시절의 대부분을
차지했던 세계 즉 내가 살았었고 잠도 잤었으며 꼭 필요한
경우에만 빠져 나왔었던 세계였음을 알 수 있었다.

내가 정말로 나의 상상력을 예수님께 드릴 수 있을까? 예
수님께서 그것을 간직하시고 내게 다시 돌려주지 않도록 할
수 있을까? 나의 상상력을 예수님께 드리는 것은 나의 삶을
모두 예수님께 드리는 것과 같이 느껴졌다.

독창력과 경험

어린 소녀가 물감통을 화가 할아버지께 선물로 바쳤던 것처럼 나의 상상력을 주님께 선물로 드리려고 했을 때, 나는 '상상력'만을 주님께 드릴 수 없음을 깨달았다. 다른 두 개의 선물, 즉 '독창력'과 '경험'도 함께 주님께 바쳐야 했다.

'상상력'은 빨강색임에 틀림없다.

노랑색은 처음부터 내게 형성된, 내가 타고난 '독창력'이었으며 파랑색은 내 '경험(經驗)'의 목록표였다.

내게 어떤 독창력이 있는지, 또 내 경험은 어떤 형태의 것인지를 나는 알지 못했다.

"주님, 이 생선은 아주 특별한 것 같습니다."

그러나 주님께서 함께 하셔서 주님의 손길이 나의 선물에 닿는 순간, 그것들은 처음에 내가 생각했던 것보다 더 좋고 아름다운 것으로 즉시 바뀌어졌다. 주님께서는 내가 드린 선물을 원하시는 대로 바꾸셨으며 나로서는 생각할 수 없었던 방법으로 그 선물을 사용하셨다.

이제 주님의 손에 놓여 있는 나의 상상력은 치유와 즐거움을 위한 매체가 되었다.

나의 상상 속에 주님께서 오셔서 내 과거의 상처, 그 상처에 대한 치유의 필요성, 일어나야 할 변화 등을 보여 주셨다.

그 상상 속의 주님은 바깥 세계에서보다 훨씬 인간적이셨고 친밀하셨다. 그리고 나로 하여금 주님을 분명히 알 수 있도록 하셨다. 따라서 내 자신도 고통받는 사람들에게 더욱 확신 있게 희망을 줄 수 있었다.

이제 나의 상상력은 주님의 물감병이 되었기 때문에 주님께서 그 물감병을 잘 사용하실 수 있을 것이라는 믿음이 생겼다. 내가 그 물감병을 보았을 때 살아 계신 주님을 믿고 볼 수 있었다.

"그것은 단지 당신의 상상일 뿐입니다. 그것은 현실이 아닙니다."라고 비꼬는 말에도 나는 자신 있게 대답할 수 있다.
"물론 그것은 상상입니다. 그러나 그 상상은 나의 것이 아니라 주님의 것입니다."라고.

내 것이 아니고 주님의 것이 된 독창력 역시 주님께서 원하시는 것은 어떤 것이든 할 수 있었다.

시간적, 공간적으로 제약을 받을 수밖에 없었던 나는 나의 독창력이 다음에 어떻게 작용될 것인지 알 수 없었다. 그러나 독창력이 주님의 손에 바쳐지게 된 후로는, 주님께서 원하시면 언제든지 나의 정신 세계에 있었던 모든 재능들이 거침없이 솟아 나왔다.

그러나 세 번째의 작은 물감병은 내가 경멸하고 있던 물감병이었다. 그것은 파랑 색깔을 띤 나의 경험이었다.

나는 나의 경험을 가치 있는 것으로 받아들이기를 항상 꺼렸다. 나의 눈에는 대부분의 나의 경험들이 '부정적'인 것으로 비춰졌다.

마치 내가 탈지면 상자 안에 가두어진 상태에서 사회적, 정서적으로 빼앗김을 당하고 있는 것 같은 느낌을 가졌다. 염세주의, 의심, 좌절 등의 요소가 내 경험의 기억 주변을 늘 맴돌았으며 따라서 나는 나의 삶이 만들어 놓은 많은 경험들을 부끄럽게 여겼다.

'이 어두운 파랑 색 물감을 주님께 드려야만 하는가' 하고 내 스스로에게 질문을 던졌을 때 우리 집 아이들이 즐기던 테더볼(밧줄에 매단 공을 서로 치는 게임)이 생각났다.

우리 집 아이들은 여름 한 철 테더볼 놀이를 무척 즐겨 했다. 그러다가 가을이 오고 겨울이 가까워지면서 테더볼 놀이를 중단했다.

어느 해였다. 우리 집 아이들은 테더볼을 지하실 창고의 한 쪽 구석에 팽개쳐 둔 채 다른 여름철 물건들을 그 위에 쌓아 버렸다. 봄이 찾아와 아이들이 여름철 물건들을 다시 챙겼을 때 그 테더볼은 형태가 엉망이 되어 있었다. 캠핑용 도구 상자가 공의 한 쪽을 눌러 보기에도 흉한 자국을 남겨 놓았다. 천막용 막대가 또 다른 한 쪽을 눌러 흉터 자국을 남겼으며 스케이트보드 역시 공의 모습을 심하게 일그러 놓았다.

"엄마, 엄마, 테더볼이 엉망이 되어 있어요."

아이들이 공을 들어 보이며 소리쳤다. 내가 보기에도 공은 완전히 일그러져 납작하게 되어 있었다.

"너무 걱정하지 말아라. 아빠가 공에 다시 공기를 넣어 주실 거야. 그러면 공은 새 것처럼 될 거야. 공을 아빠에게 가져가자꾸나."

나는 아이들을 안심시켰다.

엉망이 되었던 테더볼의 모습을 생각했을 때, 나 역시 테더볼처럼 상처와 흉터로 얼룩져 엉망이 된 모습을 하고 있다는 사실을 깨닫게 되었다.
테더볼이 긴 겨울 동안 지하실 창고에서 여름철 물건들에 억눌려 있었듯이, 나 역시 내 삶의 경험들에 억눌려 일그러진 모습으로 지내 왔었다.

예수님께서는 "하늘에 계신 너희 아버지께서 완전하신 것처럼 너희도 완전하라"고 말씀하셨다.

이미 언급했던 바와 같이, 나는 예수님께서 우리들 정신세계의 깊은 곳에 우리가 완전함을 이룰 수 있는 가능성을 심어 놓으셨다는 사실을 확신한다.

나의 어떤 경험들은 완전함을 향한 가능성을 고무시켰다. 그러나 또 다른 경험들은 완전함을 향한 나의 행진에 상처 자국을 남겼다.

추하게 일그러진 모습의 테더볼처럼, 나는 많은 상처와

흉터로 얼룩진 경험을 가지고 있음에도 불구하고 완전함을 향해 성장해 갈 수 있는 커다란 가능성을 가지고 있다.

우리의 생활에서 발생하는 모든 일은 우리의 개성에 영향을 미친다.

본래 타고난 근심, 걱정, 화 등도 다른 상처들과 마찬가지로 우리의 완전성에 흉터를 남긴다.

즐거운 경험들은 완전성을 향한 행진을 격려한다.

나에게 어떤 일이 발생했건, 육체적, 정서적, 영적으로 어떤 경험을 했건, 과거의 경험은 나의 현재에 영향을 미친다.

주님께 나의 이 파랑색 물감병을 바치는 일은 주님께서 기적을 일으키시도록 하기 위한 가장 중요한 단계 중의 하나였다.

완전을 향한 행진

화가 노인이 빨강, 노랑, 파랑으로 이루어진 물감병을 선물로 받았을 때, 그는 소녀에게 그 색들은 3원색이며 그 색들로부터 우주의 모든 색이 만들어진다는 사실을 설명하여 주었다.

나의 경우도 마찬가지였다.

갈릴리 호숫가 소년이 도시락 가방에서 기꺼이 꺼내어 예수님께 드린 두 번째 생선이 기적을 일으켰듯이, 그리고 어린 소녀가 화가 노인에게 기꺼이 선물로 바친 3원색 물감통이 온 우주의 모든 찬란한 색을 만들어 내듯이, 세 가지로 구성된 나의 두 번째 생선도 내 생활에 행복의 불꽃을 피웠다.

나의 모든 경험은 완전을 향한 행진의 길목에 제 자리를 잡았다. 이전에는 결코 불가능했던 일이었다.

내가 주님께 다섯 조각의 빵을 하나씩 하나씩 드릴 때마다 주님께서는 내 마음 속 깊은 곳의 빈 공간에 차츰차츰 더 많은 자리를 차지하셨다.
내가 다섯 조각의 빵을 주님께 한 조각 한 조각 기꺼이 바치는 순간마다, 주님과 나와의 관계가 점점 더 깊어지고 있다는 사실을 인식하게 되었다.

탐사되기를 기다리며 열려 있는 방들 사이에 있는 긴 복도처럼, 나는 아직 탐사되지 않았으나 분명히 존재하고 있으며 탐사를 기다리고 있는 더 많은 가능성을 보기 시작하였다. 내 마음 속 깊은 곳에서 변화가 발생하고 있으며, 더 많은 변화가 있을 것을 나는 믿는다. 우리의 창조주이신 하나님 아버지를 내가 믿기 때문에, 다음에 계속 일어나게 될 변화에 대해서 나는 결코 의심하지 않는다.

'기꺼이 하고자 하는 마음'의 첫 번째 생선과 '상상력-독창력-경험'으로 구성된 두 번째 생선을 주님께 드렸을 때 나는 경이로움을 금할 수 없었다.

내 마음을 주 예수님께

　가장 불쾌하고 고통스러운 것이라고 늘 생각해 왔던 것도 훌륭한 선물을 그 속에 포함하고 있다는 사실을 알 수 있었다.
　나의 상상력과 더불어 '기꺼이 하고자 하는 마음'과 '독창력'은 추하고 불쾌한 것을 아름다운 것으로 바꾸어 놓았다.

　한 예를 들어보자.
　내가 여섯 살이 되던 생일날 아버지는 생일 선물로 내게 그네를 만들어 주셨다. 나는 그 그네를 무척 좋아해서 시간만 있으면 타고 놀았다.
　어느 늦은 여름 날, 내가 그네를 타고 하늘 높이 솟아올랐을 때, 그네 줄이 끊어져 버렸고 나는 쿵 소리와 함께 땅바닥에 내동댕이쳐졌다. 나는 순간적으로 기절해 버렸다.
　아버지께서 나를 안고 집으로 들어가 침대에 눕히셨고, 나는 꼬박 하루 동안 잠자고 토하기를 반복했다.
　그러나 어느 누구도 그것을 심각하게 생각하지 않았다. 하루가 지나자 나는 회복되었고 아버지께서 고쳐 놓으신 그네에서 다시 놀기 시작하였다.
　그러나 나의 목뼈가 부러졌다는 사실은 내 자신과 다른 어느 누구도 알지 못했다. 나의 목 뒷부분에서 아픔이 오기 시작했다. 그러나 나는 다른 사람들에게 나의 아픔을 말하지 않았으며 조심스럽게 아픔을 견뎌 냈다. 침대에 다시 눕혀지고 야단법석을 피는 것을 원하지 않았기 때문이었다.
　그 아픔은 수십 년 동안 계속되었으며 50대 중반에 들어서자 더욱 심각한 상황이 되었다. 몸을 제대로 움직일 수 없을 정도로 상황이 심해져 버렸다.

　전문의를 찾아 마침내 그 원인을 알게 되었다. 두 번에 걸친 수술 끝에, 비록 어느 정도 불편하기는 하지만, 나는 새로운 목뼈를 가지게 되었으며 고통으로부터 해방되었다.

　수십 년 동안 나는, 사람들은 모두 목뼈가 아픈 것으로 생각했으며 따라서 내 목의 뒷부분이 아픈 것을 당연한 것으로 받아들였다.

　목뼈가 아픈 것을 당연한 것으로 생각하면서 피아노를 연습했으며 재봉, 바느질, 그림 그리기, 자전거 타기와 그 밖의 많은 것을 배웠다. 물론 목뼈의 아픔에서 오는 고통 때문에 자주 입술을 깨물어야 했다.

　그러나 목뼈의 아픔과 상처에 대해서는 그 어떤 조치도 취하지 않았다. 나중에는 이 지속적인 아픔의 원인에 대해서 불쾌하게 생각하기 시작하였다.

　주님께서 이 상황에 함께 하셨으며, 나는 '목뼈의 아픔이 내 생활과 삶의 중심이 되어서는 안된다.'고 하는 의식적인 결심을 하기에 이르렀다. 그리하여 어떤 경우에도 결코 내 목뼈의 아픔에 관심을 집중시키지 않으려고 애썼다. 그것은 현명한 결정이었다.

　나는 경험을 통해서 어떤 지속적인 고통 즉 고질적인 아픔이 우리의 생활을 지배하도록 해서는 안된다는 사실을 배우게 되었다. 그 고통을 뒷켠의 대장간으로 옮겨서 무엇이든 필요한 것으로 만들어야 한다는 사실을 알게 되었다.

돌이켜 볼 때, 어머니의 강압과 억압으로부터 나는 대단히 중요한 선물, 바로 지금 이 순간 새로 발견된 경이로움처럼 귀하게 여겨지는 선물을 얻게 되었다. 즉, 내 스스로가 내 마음의 중심을 선택할 수 있다는 사실을 알게 되었다.

그 상황들은 옛날에 이미 존재했으며 나는 그 상황들을 바꿀 수 없었다. 그러나, 그 어느 누구도 내가 그 상황에 묶여 있도록 요구할 수는 없다.

나는 내 마음의 중심을 주 예수님께 맞추기로 결정하였다. 그리고, 주 예수님께서는 조지 와싱톤과는 달리 직접 오셔서 나를 만나셨다.

여러 해 동안 많은 어려움과 아픔을 경험하면서 대단히 중요한 진리를 배웠다. 어떤 종류의 아픔과 고통도 내 생활의 중심을 지배해서는 안된다는 진리를 배운 것이다.

많은 상처와 아픔이 나를 강타했으나 나는 그것들을 잘 다루어서 내 생활 중심의 뒷켠에 물러나 있도록 했다. 활발한 나의 상상력과 창조주로부터 받은 타고난 나의 독창력이 나의 경험과 함께 조화를 이루어 내게 귀중한 '선물'을 만들어 내었다.

우리를 위한 하나님의 계획에 동참하기 위해서는 우리의 모든 부분 부분이 함께 더불어 참여해야 한다. 비록 나는 나의 경험을 멸시했고 상상력을 귀하게 여겼으며 독창력을 부인했지만, 하나님께서는 이 모든 것을 다른 각도에서 바라보셨다.

내게 무슨 일이 발생했건, 그것은 주님의 크신 사업에 나를 참여시키기 위한 계획의 한 일부였다.

주님에게 있어서 독창력이란, 너무 위대하고 광대하여 나로서는 도저히 이해할 수 없는 주님의 계획에 주님과 손을 맞잡고 함께 참여하는 것을 의미하는 것이 확실했다.

구원의 선물

내 과거의 경험을 예수님의 거룩하고 성스러운 손에 바치게 되자 나는 구원의 의미를 새롭게 다시 깨닫게 되었다.
예수님께서는 죄로 인한 죽음으로부터 이 세상을 구원하시기 위해 십자가에 못 박혀 돌아가셨다. 그러나 그것은 과거에 오직 한 번 발생한 일로서 끝난 것이 아니다.

소년의 빵과 생선은 우리의 삶 속에서 매일 매일 다시 만들어져 구원을 만들고 있다.
아주 흥미롭게 상품판매를 하고 있는 어느 도시를 방문한 적이 있었다. 그 도시에서는 1주일에 한 번씩 신문을 통해서 '이중할인권'을 발행하고 있었다. 어떤 물건을 구입하고자 할 때, 이 이중할인권을 신문에서 오려낸 다음 이미 자기가 소유하고 있던 다른 할인권과 함께 가게에 제출하게 되면 가격은 이중으로 할인되어 이중으로 돈을 절약하는 셈이 된다.

그러나 그 할인권은 신문에서 오려낸 다음 가게에 가지고 가서 제출하기 전까지는 그 효력을 발휘하지 못한다. 배가 고프다고 해서 그 할인권이나 돈을 직접 먹을 수는 없다. 우리는 그 할인권과 돈을 가게에 가지고 가서 쌀 포대 또는 밀가루 포대와 교환해야 한다.

예수님의 구원의 선물도 마찬가지 방법으로 우리에게 주어진다. 우리는 과거의 아픈 상처, 어렵고 힘들었던 일, 실패했던 일, 그리고 과거에 성공했던 일과 기쁜 일을 반복해서 되새김질해 가면서 살 수 있다. 그러나 이러한 삶에서는 우리의 아픈 상처에 대한 치유를 기대할 수 없다.

내게 항상 이중할인권을 마련해 주시는 주님께 이 모든 것을 바치게 될 때 비로소 기적이 일어나기 시작했다. 그리하여, 나의 경험은 축복으로 바꾸어지고 나의 상상력은 주님께서 사용하실 수 있는 도구가 되며 나의 독창력은 꽃피기 시작했다.

나는 새롭게 글을 쓰고 가르치기 시작했다. 다른 사람들의 말을 잘 들어주며 사랑하기 시작했고 모든 사람들이 즐길 수 있는 아름다운 물건들을 만들기 시작했다. 이전에는 내가 결코 알지 못했던 방법으로 여러 가지를 만들기 시작했다.

이 모든 것은 주님의 구원의 선물이다. 예수님께서 소년으로부터 다섯 조각의 빵과 두 마리의 생선을 받으셔서 손에 드는 순간 결코 끝나지 아니하는 영원한 기적이 만들어졌다. 2000년 전과 마찬가지로 지금 이 순간도 그 기적은 살아 숨쉬며 움직이고 있다.

그 기적의 영광은 2000년 전에 발생했지만 시간이 흐를수록 더욱 더 커지며 성장하고 있다. 예수님께서 갈릴리 호숫가를 거니시던 그 당시보다 훨씬 더 많은 사람들이 지금 이 지상에 살고 있다.

우리들은 모두 이중할인권의 혜택을 입을 수 있다.

우리는 주기도문을 통해서 하나님의 왕국이 임하시기를 늘 기도한다. 우리가 경험한 과거의 일은 미래를 위한 즉 주기도문을 통한 우리의 기도가 기적의 현실로 임하게 되는 그 날을 위한 이중할인권에 불과하다.
일생을 살아오는 동안 내게는 많은 상처가 있었다. 마찬가지로, 우리 모두의 삶에는 여러 가지 상처가 있다.

예수님께서는 우리가 시련을 겪지 않을 것이라고는 결코 말씀하지 않으셨다.
어려움을 당하고 있는 사람들이 그들의 슬픔을 내게 이야기했을 때, 나는 그들에게 가족과의 사별, 병, 사업 실패, 여러 가지 치욕스러운 일 등의 어려운 상황이 발생하더라도 예수님의 기적은 그러한 경험들로부터 우리를 완전히 구원해 주신다고 하는 사실을 자신 있게 말해 줄 수 있었다.

상처가 클수록 예수님께서 우리에게 주시는 선물은 더욱 크다. 우라가 정말로 인생을 그런 희망으로 바라볼 수 있을까?

먼저 우리가 가지고 있는 화, 용서하지 않는 마음, 잘못된 개념, 편견, 나쁜 습관을 주님께 드려야 한다. 주님으로부터 구원의 선물을 받기 위해서 우리는 주님께 이 모든 것들을 기꺼이 바쳐야 한다.

결국 우리는 선택을 해야 한다. 우리자신이 불행의 늪 속에 빠진 상태에서 헤어나지를 못하거나, 아니면 주님께서 우리에게 선물로 주시는 기적을 받아들이거나 어느 하나를 선택해야 한다.

성경에 나오는 갈릴리 소년은 그의 점심을 주님께 드린 후 곧장 집으로 달려가 버리지 않았다. 그는 그 장소에 머물러 믿기 어려운 기적이 발생하는 것을 보았다.
나도 마찬가지이다. 내가 가진 것을 주님께 드린 후 어떤 일이 일어나는가를 주시하면서 현장에서 기다려야 한다.
어쩌면 며칠 동안, 아니 몇 개월 동안 기적의 발생을 보지 못할지도 모른다. 그러나 계속 기다리면서 주님께서 어떤 기적을 일으키실지 지켜보아야 한다.
완전하게 되는 것이 나의 궁극적인 목표이다. 이를 달성하기 위해서는 시간이 필요하다. 우리 집 아이들의 찌그러진 테더볼이 안으로부터 공기에 의해서 채워지듯이 내가 경험한 작은 상처들이 모두 성령님에 의해서 채워져야 한다.

내 경험은 오랜 기간동안 보이지 않는 벽장 속에서 찌그러진 상태로 놓여 있었다. 내 경험의 상처와 흉터가 있던 자리에 자유(自由)와 주 예수님을 대신 맞아들였을 때 커다란 변화가 발생했으며 나는 그 변화에 놀라움을 금할 수 없었다.

우리 경험 속의 상처와 흉터가 아무리 크다 할지라도 우리는 주님께 다섯 조각의 빵과 두 마리의 생선을 드릴 수 있으며 주님께서 일으키시는 기적을 기대할 수 있다.

기도를 위한 성경구절

눈물을 흘리며 씨를 뿌리는 자는 기쁨으로 거두리로다. 울며 씨를 뿌리러 나가는 자는 정녕 기쁨으로 그 단을 가지고 돌아오리로다 (시편 126:5-6).

예수께서 가라사대 "그러므로 천국의 제자된 서기관마다 마치 새 것과 옛 것을 그 곳간에서 내어오는 집주인과 같으니라" (마태복음 13:52).

예수님의 선물

상상 속에 오시는 예수님

많은 사람들은 상상하는 것, 즉 우리의 마음속에 어떤 것을 그리는 것에 대해 회의적인 태도를 취한다.

우리는 "공상 같은 것은 하지 말고 현실성을 유지하라"는 가르침을 받아 왔다.

"그것은 단지 너의 상상 또는 공상에 불과할 뿐이다."라고 하는 비웃음의 말도 듣는다.

"성경에서는 다른 점술과 마찬가지로 '헛된 상상'도 하지 말도록 경고하고 있다"는 말도 듣는다. 그래서 지금까지 내가 설명한 상상에 대해 우리들은 방어적인 태도를 취하게 된다.

그러나 내가 설명한 마음속의 여러 모습과 이야기가 나 혼자에게만 해당되는 은밀한 것은 결코 아니다. 주님을 향한 우리 마음 속 깊은 곳에서의 기도와 대화를 통해, 주님께서는 그러한 것들을 나에게도 그리고 당신에게도 주신다. 그것은 우리가 주님을 '알게' 될 때 주님께서 우리에게 주시는 귀한 선물인 것이다.

예수님의 말씀인 "그러면 너희가 진리를 '알' 것이고 진리가 너희를 자유케 하리라."에 나오는 그리이스 말의 '알다

(know)'라는 단어는 가장 밀접하고 친밀한 관계인 부부 사이의 육체적인 관계를 설명하기 위해서 마태복음에서 사용된 그리이스 말의 '알다'라는 단어와 같은 말이다.

그리이스 말의 마태복음 1장 25절은 "아들을 낳을 때까지 그는 마리아를 '알지' 않았다"로 기록되어 있다. 그 뒤 영어로 번역되면서 '동침하지 않았다' 또는 '관계를 가지지 않았다' 등으로 의역되었다

주 예수 그리스도를 더 가까이 '알기' 위한 기도는 쉬지 않고 계속되어야 한다.

몇 세기 전에 수도사 로렌스가 했던 것처럼, '주님이 우리와 함께 하심'을 계속 실천함으로써 우리는 주님과 더욱 친밀해질 수 있다. 언제 어디서나 그분의 이야기를 들을 수 있으며 그분의 모습을 발견할 수 있다. 주님께서는 우리의 이성 속에서와 마찬가지로 우리의 상상 속에서도 항상 우리와 함께 하신다.

예수님께 더욱 가까이 다가가기를 원하고 예수님을 더 잘 알기를 원할 때 우리가 할 수 있는 한 가지 방법은 마음 속 상상의 문을 활짝 열어 놓은 상태에서 성경에 있는 이야기를 읽는 것이다.

우리는 그 상황이 발생했을 당시의 장소와 환경, 향기, 색조, 분위기, 그리고 인물들을 그려볼 수 있다. 그런 다음, 예수님께서 이 지상에서 육체의 몸을 입고 계셨을 그 당시처럼 지금 이 순간에 오시도록 초청할 수 있다.

홀짝 열린 우리의 상상 속에 오시는 분은 바로 예수님이
시며 다른 어느 누구도 아니다.

예수님께서 "너희 중에 누가 자기 아들이 생선을 달라 할
때 대신 뱀을 주겠느냐?"고 말씀하셨음을 우리는 잘 알고
있지 않는가?

우리와 함께 해 주시기를 기도하면서 예수님을 초대했을
때, 능력있고 신의 있으신 예수님께서는 자기 대신 악마를
결코 보내시지 않음을 알아야겠다.

주님께서 치유하시는 방법

성령님께서 주시는 이 선물을 계속 실천하게 되면, 우리
의 상상 속에서 그려지는 이 모든 것들이 인위적인 조작이
나 예수님에 대해서 우리 자신이 의도적으로 그린 모습들이
아니라는 사실을 알게 된다. 대신 그러한 모습들을 통해서
우리에게 중요한 그 어떤 것이든 더 잘 이해할 수 있게 된
다.

단일 우리가 어려운 성경구절을 공부하고 있다면, 주님께
서는 우리의 이해를 돕기 위해 말씀, 몸짓, 심지어 농담까지
도 하실지 모른다.

민일 과거의 아픈 상처를 위해 기도하고 있다면, 우리는

주님께서 우리의 상처를 치유하시는 것을 보게 되거나 주님의 치유작업에 함께 참여할지도 모른다.

이처럼 주님께서 우리의 상처를 다루시고 치유하시는 방법은 그 상처가 주어졌을 때의 상황과는 다르다.

어떤 상처, 어려움, 시련 등은 모두 그 나름대로의 열매를 가지고 있다. 만일 주님께서 우리 정신 세계의 깊숙한 곳을 어루만지셔서 주님에 대한 우리의 사랑이 더욱 새로워지고 깊어지게 되거나, 주님을 더욱 찬양하고 경배하게 되거나, 우리가 더 많은 마음의 평화를 얻게 되거나, 우리의 이웃을 더욱 사랑하고 용서하게 되거나, 더 많은 인내심을 가지게 될 때 우리는 주님께서 역사하고 계심을 알아야 한다.

성경을 읽고 그 당시의 상황과 활동을 그려보게 될 때, 슬픔에 처한 경우일 수도 있으며 기쁨에 가득차 있는 경우일 수도 있다. 피로에 지쳐있는 경우일 수도 있으며 의기양양한 경우일 수도 있다. 그러나 어떤 경우에라도 우리는 항상 주님께서 주시는 보상을 받게 된다. 마리아처럼, 주님의 발 아래 조용히 앉아서 주님께서 다음에 어떤 역사를 일으키시는지를 내 마음의 눈으로 바라볼 수 있게 된다.

우리는 모두 예수님에 대한 더 많은 지식을 얻기 위해 성경을 계속 공부할 필요가 있다. 그리고 성경 말씀을 계속 되새길 필요도 있다. 예수님께서 성경을 통해서 하시는 말씀을 가슴으로 깊이 받아들여야 할 필요가 있는 것이다.

예수님께서는 이야기, 다른 사람들의 말, 음악, 시, 자연,

시련, 실패, 슬픔, 그리고 자기 자신의 큰 영광 등을 통해 우리들에게 말씀을 전하시며 또한 우리와 함께 하고 계심을 알린다. 우리는 주님의 말씀을 제한해서도 안되며 주님이 하시는 방법을 한정해서도 안된다.

나의 시장 목록표

어느 날 나는 '영적 부활의 날'이라는 제목으로 강연을 해 달라는 부탁을 받았다. 나는 강연 내용을 간단히 요약해서 내 스커트의 왼쪽 호주머니에 넣어 두었다.

단상에 서서 강연 요약문을 꺼내면서 나는 그것이 들어 있는 왼쪽 호주머니 대신 오른쪽 호주머니에 무심코 손을 집어넣었다. 거기에는 내가 시장을 보기 위한 품목들이 적힌 종이, 즉 시장 목록표가 들어 있었다. 그 종이에는 다음과 같은 품목들이 적혀 있었다.

쌀
밀가루
쇠고기
전구
거들
귀고리
커피
아스피린

나의 강연은 '영적인 부활' 즉, '영적인 새로움'에 관한 것이었다.

내 영적 세계의 서랍장과 선반들은 다 채워지지 않고 비어 있었다. 나는 그곳에 채울 수 있는 물건들을 가지고 지금 이 강연 장소에 나왔다. 나의 강연 요지와 시장 품목들에 관한 목록표는 크게 틀리지 않았다.

쌀과 밀가루는 우리 식생활에서 가장 중요한 식료품이다. 나는 이미 내가 가지고 있던 다섯 조각의 빵을 주님께 드렸으며, 그 빵들로 일으키신 주님의 기적을 받았다.

만일 내가 내 영적 세계의 깊은 곳에서 심한 갈증을 느끼고 있다면 그 갈증은 '기꺼이 하고자 하는 마음'을 주님께 드릴 때 주님께서 우리에게 주시는 성스러운 사랑의 선물에 대한 갈증일 것이다.

고기는 성장을 위한 단백질이다.

나는 주님께 두 마리의 작은 생선을 드렸으며 그것으로 주님께서 기적을 일으키셔서 나의 삶에 단백질이 더욱 풍부한 쇠고기, 돼지고기를 만들어 주시기를 희망하고 있다. 즉, 내가 주님 안에서 성장하고 주님이 내 안에 거하시기를 희망하고 있다.

전구가 나가면 온 집안이 어두워진다. 전구를 새로 교환하기 전까지 전등은 다시 빛을 내지 못한다. '알 수' 있게 하고 '볼 수' 있게 하는 주님의 지혜의 빛과 주님의 영감의 빛

을 나는 간절히 원하고 있다. 움직이고, 앞으로 나아가고,
또 성장하기 위해서 내게는 새로운 조명이 필요하다.

거들은 나를 맵시있게 하고 편안하게 하며, 스타킹을 제
자리에 정확히 고정시켜 준다. 예수님의 사랑은 나를 감싸
주고 나의 모습을 부드럽게 하며, 또한 나로 하여금 어떤
어려움과 시련에도 흔들리지 않도록 붙들어 준다. 내면의
정신 상태가 올바르게 잘 유지되고 있으면 겉으로 드러나는
바깥의 모습이 절대로 구겨지거나 비뚤어질 수 없다.

어느 정도 몸을 꾸미거나 흥미 있는 일을 하는 것은 생활
의 활력소가 된다. 나를 창조하시고 나를 사랑하시는 하나
님 아버지께서 내게 주신 예쁜 장식품들은 내 생활에 흥미
를 더해 주며 웃음을 더해 준다.
어디에서나 항상 함께 하시는 하나님의 사랑이 있기 때문
에 나는 시시하고 하찮게 여겨지는 일도 할 수 있다. 귀고
리를 하는 것도 전혀 문제가 되지 않는다.

가끔씩 우리는 인위적으로 우리의 기운을 북돋우어 줄 필
요가 있다. 한 잔의 커피는 우리에게 새로운 기운을 불러
일으켜 주는 자극제가 되기도 한다.
예수님께서 우리와 함께 하시고 예수님의 성스러운 사랑
이 우리와 함께 하시게 되면 우리는 매일 매일 새로운 기운
을 얻게 된다. 하나님의 사랑은 이 우주의 창조력이기 때문
에 우리는 매일 매일 활력을 얻게 된다.

우리는 살아가면서 가끔씩 상처를 받기도 하고 아픔을 느
끼기도 한다. 그러한 상처와 아픔을 치유하기 위해서 내가

할 수 있는 일은 주 예수님으로 하여금 내 상처와 아픔을 어루만져 주시도록 하는 것이다.

주 예수님께서 내 상처와 아픔을 치유해 주실 준비가 되어 있고 또 기꺼이 도와주시려고 하는데, 왜 내 스스로 계속 그 상처와 아픔을 다루려고 시도하는가?

주님의 선반은 상처를 치료하기 위한 약으로 가득차 있다. 그러므로 나는 계속 고통받으며 괴로워해야 할 필요가 없다.

나의 시장 목록표는 내 강연 요약문과 매우 유사했다.

주님은 알파이시며 오메가

내가 기억해야 될 일은, 어디든지 빈곳이 있으면 주님께서 채워 주시며 무엇이든 우리가 갈망하는 것이 있으면 주님께서 준비하고 계신다는 사실이었다.

내가 가진 것을 모두 사용하고 나면 주님께서 다시 채워 주실 것이다. 주님은 어떠한 것도 결코 부족함이 없는 영원한 창고이시기 때문이다.

내가 주님께 기도하고 간구할 때, 매일 매일은 '이중할인권'의 날이 된다. 내가 가진 것에 대해 두 배로 받는다. 나의 작은 선물에 대해서 크게 보상받는다.

내가 주님께 드린 다섯 조각의 작은 빵과 두 마리의 작은 생선으로 주님께서는 기적을 일으키셨다.

주님은 알파이며 오메가이시다. 예수님은 나의 주님이시며 나의 구세주이시다. 아멘.

기도를 위한 성경구절

명절 끝날 곧 큰 날에 예수께서 서서 외쳐 가라사대 "누구든지 목마르거든 내게로 와서 마시라. 나를 믿는 자는 성경에 이름과 같이 그 배에서 생수의 강이 흘러나리라" 하시니 (요한복음 7:37-38).

이러하므로 내가 하늘과 땅에 있는 각 족속에게 이름을 주신 아버지 앞에 무릎을 꿇고 비노니 그 영광의 풍성을 따라 그의 성령으로 말미암아 그리스도께서 너희 마음에 계시게 하옵시고 너희가 사랑 가운데서 뿌리가 박히고 터가 굳어져서 능히 모든 성도와 함께 지식에 넘치는 그리스도의 사랑을 알아 그 넓이와 길이와 높이와 깊이가 어떠함을 깨달아 하나님의 모든 충만하신 것으로 너희에게 충만하게 하시기를 구하노라. 우리 가운데서 역사하시는 능력대로 우리의 온갖 구하는 것이나 생각하는 것에 더 넘치도록 능히 하실 이에게 교회 안에서와 그리스도 예수 안에서 영광이 대대로 영원 무궁하기를 원하노라. 아멘 (에베소서 3:14-21).

이러한 이유 때문에, 나는 하늘과 땅에 있는 자기의 모든 가족들에게 이름을 주신 아버지 앞에 무릎을 꿇고 기도하노라.

하나님의 풍성하신 영광에 따라, 성령을 통해서 능력으로 너희를 내적으로 강건하게 하옵시고 그리하여 믿음을 통해서 그리스도께서 너희의 가슴 속에 함께 하시기를 기도하노라. 그리고 너희가 사랑 속에 뿌리내리고 세워져, 다른 모든 성도들과 더불어 그리스도의 사랑이 얼마나 넓고, 길고, 높고, 깊은지를 깨닫고, 또한 우리의 지식으로 헤아릴 수 없는 이 사랑을 알게 되어 드디어 너희가 하나님의 모든 것으로 가득 채워지기를 기도하노라.

　이제, 우리 안에서 역사하시는 그의 능력에 의해서 우리 모두가 구하거나 생각하는 것보다 훨씬 더 많이 하실 수 있으신 하나님께 교회 안에서 그리고 예수 그리스도 안에서 대대로 영원 무궁토록 영광이 함께 하시기를 기도하노라 (New International Version: 에베소서 3:14-21).

에필로그

　이제 나는 자기의 점심 도시락을 주 예수님께 바친 갈릴리 호숫가의 어린 소년을 다시 생각한다. 소년은 분명히 빵과 생선이 많은 사람들에게 분배되고 자기 자신도 배불리 먹게 될 때까지 그 곳에서 기다렸다. 소년은 자기의 원래 도시락을 먹었을 때보다 더 많은, 그리고 더 좋은 음식을 먹었을 것이다.

　예수님 주위에 있었던 사도들이 소년에게 남은 빵과 생선을 따로 싸 주었고 소년은 그것을 집으로 가져가 부모님, 형제, 그리고 누이들과 함께 나누어 먹었는지도 모른다.

　보잘 것 없는 자신의 점심 도시락으로 5,000명을 먹이시는 기적을 일으키신 예수님에게 너무 감탄한 나머지, 어쩌면 소년은 예수님을 뒤따르게 되었고 그리하여 예수님에 대해서 더 많은 것을 알게 되었는지도 모른다.

　소년은 후일 성장하여 예수님의 놀라운 복음을 전파하는 등불이 되었는지도 모른다. 그리하여 결국 기꺼이 자신의 목숨까지도 바치는 용기를 보임으로써 세상 사람들에게 예수님에 대한 진정한 믿음으로부터 오는 헌신이 어떤 것인지를 보여 주었는지도 모른다.

2000년이 지난 지금, 자기가 가진 모든 것을 주님께 바친 옛날의 그 어린 소년 때문에 나의 삶과 생활이 변했다는 사실을 나는 확신한다. 예수님께서 기적을 일으키실 수 있도록 그리고 구원하실 수 있도록, 우리가 가진 것을 주님께 드리게 되면 우리는 놀라운 결과를 목격하게 된다.

'인생의 의미'를 찾다가 길을 잃고 헤매는 사람은 단지 그가 가진 것을 능력 있으신 주님의 손에 바치기만 하면 인생의 새로운 의미를 찾게 될 것이다. 이러한 진리는 우리들 누구에게나 마찬가지이다.

나는 내가 가진 모든 것을 주님께 드리겠다. 화와 분노, 용서하지 않는 마음, 잘못된 개념, 편견, 습관, 기꺼이 하고자 하는 마음, 상상력, 독창력, 경험, 그 외 내가 발견하게 되는 그 어떤 것이든지 주님께 바치겠다.

내가 주님께 바치고자 하는 그러한 것들은 그렇게 중요하게 보이지 않을지도 모른다. 어쩌면 가장 추하고 불필요하고 심지어 유해한 것처럼 보일지도 모른다. 그러나 내가 그러한 것들을 진실로 주님께 드리기만 하면 주님께서는 그것들을 받으셔서 우리로서는 헤아릴 수 없는 기적을 창조하신다.

나는 그러한 것들을 주님게 기꺼이 바칠 수도 있으며, 두려움에 떨면서 드릴 수도 있다. 그러나 주님, 제가 당신께 드리는 그 어떤 것이든 진실로 받아 주시옵소서.

내가 드린 다섯 조각의 빵과 두 마리의 생선으로 주님께서 일으키신 기적의 결과가 계속 존재하는 것처럼, 주님께 그것들을 바치는 일 역시 계속되어야 한다.

　소년이 자기의 빵과 생선을 주님께 드린 후, 소년의 도시락 가방은 비게 되었다. 그러나 우리의 도시락 가방은 결코 비는 것 같지 않다. 우리가 주님께 드리는 선물들은 마치 꼬리라도 달린 것처럼 뒤에 자국을 남긴다. ‘화’와 ‘용서하지 않음’ 이 다시 생겨난다. 이미 없어졌던 옛날의 습관이 다시 생겨나기도 한다. 새로운 상황이 새로운 편견을 만들어 내기도 한다.

　누군가가 내게 습관은 3주일 간격으로 만들어진다고 말한 적이 있다. 그 습관을 뿌리 뽑는 데에는 그보다 더 많은 시간이 걸린다.

　주님께 우리의 습관을 드리는 일을 계속 실천하게 되면 그것 역시 하나의 습관이 된다. 그러나 이 습관은 나쁜 습관이 아니라 대단히 좋은, 생산적인 습관이다. 우리들은 모두 구엇이든 우리가 가진 것을 주님께 드리는 습관을 몸에 익혀야 될 필요가 있다.

　어느 날, 나의 여러 가지 부족한 점에 대해 그리고 그 부족한 점들을 어떻게 해야 할 것인가에 대해 생각하고 있었을 때 내 마음속에 문득 하나의 모습이 떠올랐다. 그것은 돌멩이들로 가득 채워져 있는 큰 유리잔이었다.

　나는 그 유리잔을 높이 들고, 주님의 성령으로, 주님의 사랑으로, 그리고 주님 자신으로 그 유리잔을 가득 채워 달라고 그리하여 내 주위의 모든 사람들에게 흘러 넘칠 수 있도록 해 달라고 주님께 기도했다. 주님께서는 나의 기도대로 주님의 성령과 주님의 사랑과 주님 자신을 나의 유리잔에 부어 주시기 시작하셨다.

그러나 나의 유리잔에는 돌멩이들이 가득 들어 있었기 때문에 주님께서 부어 주시는 성령과 사랑이 담길 수 있는 공간이 많이 있지 않았다. 나의 유리잔은 이내 흘러 넘쳤다. 그러나 아뿔싸! 내 유리잔에서 흘러 넘치는 물은 맑지도 않았고 깨끗하지도 않았다. 돌멩이에 있는 온갖 오물과 찌꺼기들이 물을 오염시켰던 것이다.

그러나 내가 그 돌멩이들을 유리잔에서 모두 들어낸 다음 주님의 손에 쥐어 드렸을 때, 나의 유리잔은 더 많은 주님의 성령과 사랑을 담을 수 있었다.

마침내 나의 유리잔은 주님의 성령과 사랑과 주님 자신으로 가득 채워졌고 흘러 넘쳤다. 내 유리잔에서 흘러 넘친 주님의 순수하고 반짝이는 성령과 사랑은 내 주위의 모든 사람들에게 닿아 그들을 어루만졌으며 주님의 따뜻한 품안으로 그들을 인도하였다.

힘들거나 추한 모든 것을 그리고 유쾌하고 즐거운 것도 마찬가지로 주님께 드리는 습관을 몸에 익히게 되었을 때, 내가 가지게 될 생활과 삶이 바로 이러한 것임을 알게 되었다.

"주님, 나의 매일 매일의 생활이 유쾌하지 못하고 우울한 일로 가득 차 있을 때마다 바로 이러한 생활과 삶을, 푸르

고 맑은 하늘을 바라보듯이, 기억할 수 있도록 도와 주시옵
소서."

　2,000년 전 갈릴리 호숫가의 언덕 잔디밭에서 한 어린
소년의 점심 도시락으로부터 큰 기적이 발생하였다. 나는
그 당시에 살지 않았으며 그 장소에 있지도 않았다. 나는
그 때와는 다른 시대에 그 장소가 아닌 다른 장소에 살고
있기 때문에 그 소년과 나와는 아무런 관계도 없는 것 같다.

　그러나 그것이 아니다. 분명히 어떤 관계가 있다. 예수님
께서는 배반당하기 전날 성찬의 자리를 마련하셨고 그 성찬
은 우리 모두를 그 날로부터 오늘까지 연결하는 역할을 하
고 있다.

　주님께서는 말씀하셨다.

　"이 성스러운 체험을 통해서 우리는 다른 사람들과는 다른
방법으로 함께 한다. 나는 너희 생활의 모든 영역에 언제나
함께 할 것이다. 너희를 위한 나의 희생의 제단과 나에 대
한 너희의 제단은, 항상 그러했던 것처럼 지금도 마찬가지
로, 이 성찬 식탁이 될 것이다."

　매일 매일 우리는 우리의 작은 점심 도시락을, 그리고 그
도시락 속에 들어 있는 모든 찌꺼기까지도, 우리가 간직하
기를 원하는 또는 원하지 않는 그 어떤 것도 주님께 드릴
수 있으며 그것들이 주님의 살과 피로 바꾸어지는 것을 깨
달을 수 있다.

　갈릴리 소년의 이 이야기는 아주 먼 옛날의 이야기이지만

그러나 결코 끝나지 아니하는 이야기이다. 이 이야기는 결코 끝이 날 수 없는 이야기이다.

주님께 드리는 우리의 선물도 끝이 있어서는 안된다.

우리는 주님의 제단에 매일 나아가, 주님께서 유리잔 속의 돌멩이를 예수님의 성령과 사랑으로, 우리의 빵부스러기를 한 바구니 가득한 빵으로, 우리들의 추함을 아름다움으로 바꾸실 수 있도록 해 드려야 한다.

우리는 계속 '그분의 형상을 따라 성장' 할 수 있으며 점점 더 완전함을 향해 나아가 마침내는 주님께 "잘 하였도다. 그대 선하고 충성스러운 종이여"라는 말씀을 들을 수 있어야 한다.

기도를 위한 성경 구절

그러므로 아들이 너희를 자유케 하면 너희가 참으로 자유하리라 (요한복음8:36)

저자에 대하여

페베 크레노(Phoebe Cranor)는 미국 콜로라도 주에 살고 있으며 기독교 분야의 작가, 연사, 상담자로서 마음의 상처를 치유하는 일과 전도사업에 크게 참여하고 있다.

그녀는 4권의 책을 저술하였으며 그 외에도 많은 글을 썼다. 네 자녀를 두고 있으며 작가의 남편은 목장주이다.

역자 소개

* 경남 고성 출생
* 광일초등학교, 고성동중학교, 고성종합고등학교, 해군사관학교,
  서울대학교 공대 금속공학과, 서울대학교 공대 대학원 졸업
* 미국 텍사스 주립대학(오스틴)에서 재료공학 박사학위 취득
* 미국 해군사관학교 교환교수로 2년 근무후 평화시의 최고 훈장인
  네기비 메달(Navy Medal)을 한국인 최초로 수상
* 현 해군사관학교 교수이며 저서로는 금속부식공학, 번역서로는
  공업재료원론, 부식과 방식 등이 있다.
* 부인 이종숙과의 사이에 아들 한별과 딸 미지가 있다.

| 말씀과 만남의 정신 |

도서출판
말씀과 만남은
그리스도인들과 세상 모든 사람들이
하나님의 말씀과 만나, 그 생각이 새로워지고
그 삶이 풍성해지도록 돕고 있습니다.

The Meet with the Word
Publishing House is helping
Christians and all men in the world
to meet with **God's Word**, so that
they may have their spirits renewed
and may have **the abundant Life.**

내적 치유의 기적과 새로운 삶

1판 인쇄   1997년   10월   25일
1판 발행   1997년   10월   30일

지은이 / 페베 크레노

옮긴이 / 이학렬

펴낸이 / 최헌근

발행처 / 도서출판 말씀과 만남
서울 강남구 포이동 260-9 (우)135-260
TEL / (02) 578-3815~6
FAX / (02) 579-9173
등록번호 / 제 20-444호

정가 7,000원

잘못 만들어진 책은 바꾸어 드립니다.